NAS BRUMAS DO Tempo

Nas brumas do tempo

Copyright by © Petit Editora e Distribuidora Ltda., 2016
3-12-18-1.000-9.000

Coordenação editorial: **Ronaldo A. Sperdutti**
Diagramação: **Vitor Alcalde L. Machado**
Capa: **Júlia Machado**
Imagem da capa: **Unholy Vault Designs | Shutterstock**
Preparação: **Maria Aiko Nishijima**
Revisão: **Maiara Gouveia**
Impressão: **Lis gráfica e editora LTDA.**

**Ficha catalográfica elaborada por
Lucilene Bernardes Longo - CRB-8/2082**

Vinícius (Espírito)
    Nas brumas do tempo / pelo Espírito Vinícius ; psicografia de Sarah Kilimanjaro. – São Paulo : Petit, 2016.
    224 p.

ISBN 978-85-7253-312-6

1. Espiritismo 2. Psicografia 3. Romance espírita I. Kilimanjaro, Sarah. II. Título.

                                                  CDD: 133.93

Direitos autorais reservados.
É proibida a reprodução total ou parcial, de qualquer forma
ou por qualquer meio, salvo com autorização da Editora.
(Lei nº 9.610, de 19 de fevereiro de 1998.)
Traduções somente com autorização por escrito da Editora.
Impresso no Brasil, no verão de 2018.

Prezado leitor(a),
Caso encontre neste livro alguma parte que acredita que vai interessar ou mesmo ajudar outras pessoas e decida distribuí-la por meio da internet ou outro meio, nunca deixe de mencionar a fonte, pois assim estará preservando os direitos do autor e conseqüentemente contribuindo para uma ótima divulgação do livro.

Psicografia de
Sarah Kilimanjaro

Pelo espírito
Vinícius

Nas Brumas do Tempo

Rua dos Ingleses, 150 – Morro dos Ingleses
CEP 01329-000 – São Paulo/SP
Fone: (11) 2684-6000
www.petit.com.br | petit@petit.com.br

Sumário

Apresentação

Palavras do autor

1 Tristes recordações _____ 11

2 Os sonhos _____ 17

3 A chegada de Alice _____ 25

4 Recordações do passado _____ 33

5 Uma noite de alegrias _____ 37

6 Recordações de Bruna _____ 47

7 Na casa espírita _____ 57

8 Doutor Patrício _____ 61

9 Revendo o passado _____ 69

10 Às voltas com a Inquisição _____ 77

11 Uma tragédia _____ 83

12 De retorno ao lar _____ 95

13 Reencarnação _____ 103

14 Entrevista na casa espírita _____ 111

15 Lembranças do passado _____ 115

16 Nova reencarnação _____ 119

17 Armando pressiona Bruna _____ 127

18 O baile na corte _____ 131

19 A ceia _____ 139

20 E o tempo passou _____ 143

21 A chegada de Letícia _____ 151

22 A doença de Letícia _____ 161

23 Letícia e o conhecimento espírita _____ 173

24 Letícia desencarna _____ 181

25 Armando e o Espiritismo _____ 187

26 Uma nova etapa _____ 197

27 Mudanças _____ 201

Apresentação

Neste livro, Vinícius, o autor do romance, arquiteta brilhantemente uma história genuína de muitas paixões, com arte e intensidade, revendo o passado distante num presente de muitas surpresas. O enredo tece a realidade à força de descrições minuciosas, em que o destaque é a reencarnação. O enredo é feito de amor e morte, guerra e religião. Há grandeza impressionante, rasgos de romantismo, triunfos e derrotas no campo da ética pessoal e social. Com imaginação fértil, Vinícius narra a saga dos mesmos espíritos em diferentes épocas e em roupagem carnal modificada.

Neste livro desfilam muitos personagens, que dificilmente serão esquecidos. A paixão e a intriga correm soltas, e os personagens deslizam na irresponsabilidade de seus atos, no abuso de seu livre-arbítrio, colhendo o fruto de encarnações passadas.

Há grandezas e desesperanças. A história fará os leitores meditarem e refletirem sobre o bem e o mal, a liberdade e a responsabilidade.

Jornalista da gema, com sua capacidade de enfocar temas de ontem presentes no hoje, Vinícius conserva em sua veia erudita o incontrolável impulso romântico, uma necessidade irresistível de escrever histórias verdadeiras com sabor de ficção. Assim, consagra-se na arte de escrever sobre o amor, tendo sempre em vista a autenticidade, mantendo realismo e naturalidade, sabendo, como ninguém, fascinar e arrebatar o leitor, com seus lances instigantes, provocando e prendendo a atenção de todos da primeira à última página. Seu poder de persuasão é tão convincente que deixa o leitor envolver-se pela história, terminando por participar do enredo. Em sua descrição exuberante, cada cena, cada lugar tem o seu objetivo, e nada fica perdido no texto.

Saudações fraternas.

Izaura
(Benfeitora que acompanha Sarah)

Palavras do autor

Nem sempre se nasce na Terra para retificações dolorosas. A função primordial do espírito, quando veste a roupagem carnal, é experenciar a vida; aprender, desenvolvendo suas capacidades no campo energético da emoção e da inteligência, reformulando comportamentos arcaicos e fazendo desabrochar suas potencialidades. É em cada reencarnação que os aspectos múltiplos do espírito vão-se ampliando. O sofrimento pode ser entendido como advertência de um mau proceder, mas também como um caminho mais difícil para desenvolver habilidades que a alma detém, na sua essência, em profundidades inimagináveis, mas que todos sabem que existem. A Lei de Causa e Efeito funciona sempre em qualquer instância, porque é uma lei e possibilita optar por diversificados caminhos, em busca de variadas soluções. Ela não só funciona no campo moral das criaturas, mas também no progresso global da humanidade, e é graças à lei da reencarnação que os espíritos vão se lapidando e retirando do seu interior – pois somos centelhas divinas – a luz fulgurante que os liga ao Criador. As atribulações enfrentadas no cotidiano, nas reencarnações, fazem parte do contexto evolutivo. São aprendizagens em forma de testes e revisões, para o espírito galgar patamares superiores. Ninguém que frequente o jardim da infância será imediatamente elevado a um curso superior. A natureza não dá saltos. Os furacões, os tufões, os maremotos atingem justos e culpados; logo, as dificuldades nem sempre são expiações, mas sempre tipos de desafio para desenvolver o Eu consensual.

O que objetivamos com este romance *Nas brumas do tempo* não foi somente descrever, em forma de drama, a Lei de Causa e Efeito, mas provar que a reencarnação é mais "aprender e desenvolver" do que "dever e pagar". Nosso determinismo é sermos felizes na plenitude do espírito na sua integral e total concepção. E a mediunidade, sem dúvida, se insere nesse contexto, fazendo parte das habilidades do espírito desde sempre.

Amor e entendimento são nossos votos.

Tristes recordações

– Quem já sentiu a dor da perda avaliará meu sofrimento, a dor, a dor do nunca mais, a do adeus eterno. Choro toda a minha dor, todo o meu fracasso. Choro, choro tanto, até o fôlego me faltar, até a exaustão, sem esperança, sem dia, sem noite, sem perspectiva.

Armando sofria. Como iria viver? Luciene era a luz dos seus olhos, seu raio de sol, doce fada de cabelos anelados, pele viçosa, face rosada.

– Como isso pôde acontecer logo comigo, que vivi sempre para ela, todos estes anos? Como acreditar em Deus? Se Ele existe, deixa os miseráveis viverem catando lixo e carrega consigo minha pequena flor? Para onde foi o meu querubim?

Armando lembrava muito bem de quando ela viera à luz.

Era uma linda tarde luminosa, cheia de sol.

O quarto do hospital, todo enfeitado com tons de rosa, revelava o sexo do bebê que estava por chegar.

Quando Bruna sentiu as primeiras contrações, foi uma enorme correria na casa. Era sua primeira filha, e ele também era marinheiro de primeira viagem. Pelo desespero de Armando, parecia ele que iria ter o bebê.

No hospital, perto do bloco das parturientes, Armando esperava ansioso pelo resultado. De vez em quando ouvia os gemidos abafados de sua mulher. Seus nervos estavam por rebentar; medo e ansiedade se misturavam, até que finalmente uma enfermeira sorridente saiu da sala de parto, com uma almofadinha cor-de-rosa do próprio hospital – era praxe – em forma de coração, sinal de que Bruna havia tido a menina.

– Felicidades, seu Armando, o senhor é pai de uma linda menina, que nasceu com três quilos e duzentos – disse a enfermeira com um sorriso simpático.

O coração de Armando parecia que ia estourar de alegria.

Após o parto, Bruna ficou algumas horas na sala de recuperação e depois voltou para o quarto do hospital, onde todos a aguardavam com flores, sorrisos e felicitações.

Bruna estava bem. Com a fisionomia cheia de luz, agradecia os mimos de todos os que tinham ido vê-la. Quando seus olhos se encontraram com os de Armando, foi uma apoteose de sentimentos, em que a ternura se misturava com lágrimas de alegria.

Armando ainda lembrava que os primeiros anos passaram quase sem novidades. Luciene fora sempre uma menina boazinha.

Tivera, nesses quatro anos, poucas enfermidades, salvo algumas gripes, sarampo e leves problemas intestinais, mas, em uma certa manhã de junho, o panorama havia mudado para a vida da família. Luciene acordou indisposta, um pouco febril, mas nada que assustasse. Ficou o dia inteiro enjoada, não quis comer e não queria levantar-se da cama, choramingando o tempo todo.

À tardinha, quando Armando chegou do trabalho, Bruna foi ao seu encontro, apreensiva:

– Querido, estou preocupada. Depois que você saiu, nossa filha apresentou um quadro permanente de febre. Acho que devemos chamar o pediatra, pois os analgésicos e antitérmicos costumeiros não surtiram efeito. A febre não cedeu.

Entraram e se encaminharam para o quarto da menina, enfeitado de laços de fitas, tecido voal cor-de-rosa, com estampas que se misturavam às inúmeras bonecas – umas nas prateleiras, como arranjos, e outras nos pés de sua cama, também de cor rosa.

Quando se aproximaram, viram que seu corpinho todo estremecia e seus olhos abertos viravam para cima.

Foi um corre-corre. Bruna, pegando a menina no colo, tentava fazê-la voltar a si. Armando, grudado ao telefone, chamava pelo amigo e pediatra, dr. Miguel. As recomendações do médico para os primeiros socorros, explicados ao telefone, foram:

– Algodão com álcool debaixo dos bracinhos, compressas na testa, até eu chegar.

Àquela época, morava com eles a irmã mais nova de Bruna, Sílvia, que viera de uma cidade do interior para cursar faculdade e que lhes foi de grande valia nessa provação. Com a irmã, desabotoou a roupinha da menina deixando-a à vontade.

O médico chegou e, ao examiná-la, observou que havia tido uma convulsão e que só com exames poderia diagnosticar a enfermidade. Levaram-na então para o hospital, aflitos, com o coração dolorido.

Quase não falavam, talvez com medo de um diagnóstico aterrador. Luciene ficou num estado de alternância, isto é, entre a febre alta e baixa, por uma semana, sem que o médico e seus colegas – pois dr. Miguel, sentindo-se impotente para determinar a doença, tinha consultado uma junta médica – conseguissem determinar um diagnóstico. O resultado dos exames do líquido cefalorraquidiano veio acabar com as incertezas: a menina estava com meningite aguda e, se sobrevivesse, ficaria com sequelas graves, profundas.

Os pais enlouqueceram. Bruna chorava convulsivamente agarrada à irmã, e Armando, com os olhos congestionados, não se conformava com a situação. Da parte do dr. Miguel, via-se nos seus olhos a desolação, sua impotência, seu fracasso com o inusitado da doença.

– Não posso saber como, em pleno século 20, de descobertas e invenções na área médica, ainda estamos na estaca zero diante desta maldita enfermidade – falava Miguel, com os olhos rasos d'água.

Bateu em todos o horror. Luciene estava irremediavelmente perdida. Seu óbito era inevitável. Seu corpinho cheio e gracioso havia definhado em menos de dez dias. E na noite de 29 do mês de junho, em que o inverno era mais rigoroso e as noites mais longas, seu querubim – como Armando a chamava – ruflou as asas e foi morar nos planaltos celestiais. A dor pungente rondou aquele lar por muito tempo, eu não saberia precisar o quanto, e foi como se Armando e sua mulher perdessem um pouco deles mesmos.

Os dias se sucederam, longos e preguiçosos, e eles, mergulhados na tristeza, viviam de saudades e lembranças. Passavam horas olhando seus álbuns de fotos da filha, rememorando os momentos felizes. Bruna ficou tão magra e sem apetite que adoeceu.

Armando, por sua vez, desleixou-se até da aparência: pouco se barbeava, e as golas de suas camisas estavam sempre rotas e amareladas.

Os sonhos

Certa noite, em um dia qualquer de novembro, como já vinha acontecendo, Bruna ouviu um choro, como se fosse o de Luciene. Acordou assustada e emocionada:

– Você ouviu o que eu ouvi? – perguntou Bruna assustada.

– Não escutei nada, o que foi? – disse Armando abraçando sua esposa.

Tive a nítida sensação de que Luciene estava conosco, na cama.

Ele, mais controlado, respondeu:

– Amanhã vamos ao médico. Pedirei para fazer alguns exames clínicos em você e medicá-la, pois assim como está não dá para ficar. Nossa filha morreu, isso não tem mais volta!

Abraçados, choraram copiosamente por um longo tempo, com saudades e dor.

Por três noites seguidas, Bruna acordou com o choro da menina. Mesmo sob cuidados médicos, continuava ouvindo o choro da criança. Em uma dessas noites, em que ambos dormiam a sono solto, alguém – uma miniatura de gente, com sapatilhas de veludo – aproximou-se e sussurrou docemente aos ouvidos de Bruna estas palavras meigas e confortadoras:

– *Mamãe, mamãezinha, sou eu, sua Lili, aguarde-me, eu vou voltar.*

Vivendo em uma atmosfera vibracional acentuada, somada a uma sensibilidade extrassensorial acima do normal, Bruna acorda, mais uma vez com a mesma sensação. Havia sentido e ouvido a filha a sussurrar ternas palavras.

– Sonhei com Luciene, ela vestia a roupa domingueira, de lacinhos azuis de renda.

– Ah, querida. Vamos deixar de ilusão, nossa filha morreu e, se existe Deus, está no céu e de lá jamais vai voltar. Bem, vamos dormir. Logo terei de levantar. Meu emprego me espera.

Depois do recado da filha, Bruna, todas as noites, ficava acordada de olhos abertos aguardando que Lili aparecesse.

Passaram-se três meses, quando, em uma manhã, Bruna levantou enjoada e, ao escovar os dentes, sentiu náuseas e teve ânsia de vômito. Eram os primeiros sintomas de uma nova gravidez. Armando, percebendo o que se passava no banheiro, bateu à porta preocupado perguntando:

– Bruna! Bruna, tudo bem aí? Precisa de algo?

E ela, entre uma crise de ânsia e outra, falou:

— Não se preocupe, está tudo bem, logo passará.

*****

Dias depois, Bruna vai ao ginecologista, que a examina e, com os exames do laboratório nas mãos, diz solenemente:

— Dona Bruna Almeida, a senhora terá um bebê. Parabéns!

Ainda pensando no que o médico havia dito, a jovem futura mãe caminha pelo *shopping*, pelas lojas de enxoval de bebê, apreciando as vitrines. Decide então ir para casa, como uma sonâmbula, e entra com a mente na "lua". Sua irmã vai ao seu encontro e, estranhando o seu comportamento, fala apreensiva:

— Aconteceu alguma coisa, minha querida irmã? Você está tão diferente! O que foi que aconteceu?

— Sílvia, estou novamente grávida, não sei se fico alegre ou triste. Como o Armando irá reagir? Estou receosa. Após o baque que tivemos com a morte de Luciene, não sei como ele vai se comportar, magoado como está.

— Quem sabe, querida, esta nova gravidez será um consolo para vocês. Vamos aguardar com otimismo.

Eram dezenove horas. O Sol, na sua majestade, descia no horizonte, para que a noite pudesse reinar no céu estrelado. Era a hora em que Armando chegava em casa, após o trabalho estafante de cada dia.

Ao fechar a porta atrás de si, Sílvia vai ao seu encontro e o recebe alegremente.

— Oi, cunhadinho! Como foi o seu dia hoje? Muito trabalho?

— Onde está Bruna, que não veio me receber?

— Ela está no quarto, espera por você e tem novidades.

Armando olha a cunhada e diz:

— O que foi que houve? Ela está doente?

— Não, Armando, mas é melhor vocês conversarem.

Ele segue para o quarto meio preocupado. Ao entrar, o ambiente está na penumbra e se ouve uma música suave, bem baixinho. Bruna, deitada, de olhos fechados, sente o marido chegar. Armando, aproximando-se dela, beija-a docemente na testa:

— Como está, querida? Passou mal hoje? E os exames? Foi tudo bem? O que foi que o médico falou?

— Querido, não sei como lhe dar esta notícia, porque não sei como o seu coração vai recebê-la. Mas espero não preocupá-lo.

— Bruna, Bruna, chega de demora. Primeiro, foi a sua irmã, cheia de reticências. Agora, você também. Por acaso está muito doente? Vou passar por mais uma dolorosa provação? Vamos, fale de uma vez, porque a ansiedade está tomando conta de mim. Afinal, querida, que coisa tão terrível você tem para me dizer?

Bruna levanta-se da cama, senta-se e lhe diz:

— Estou grávida, o médico disse que estou na quinta semana, pelos cálculos dele.

Armando, branco de susto, coloca as mãos no rosto e suspira profundamente.

— Então você já suspeitava, por que não me falou? Bruna, Bruna, vamos ter mais um bebê? Isso é bom, já é tempo de colocarmos ruído nesta casa. Ah, meu amor, um novo bebê em nossa casa! Há algum tempo eu vinha pensando nisso, mas não queria aborrecê-la.

— Então, querido, não está bravo? Pensei que não ia mais querer saber de criança em nossa casa.

— Meu amor, engano seu, sofri muito com a morte de nossa filha, mas esperava que um dia você me desse de novo essa notícia.

Bruna, que murchara ante a perspectiva de o marido não aceitar um novo filho, toma fôlego, abraça-o com os olhos rasos de lágrimas e fala:

— Eu não esperava engravidar agora. A perda de Luciene ainda dói muito. Além disso, não conversamos mais sobre uma nova gravidez.

— Venha, querida, vamos comemorar, vamos convidar Sílvia e sair para comer uma pizza!

*****

Os dias iam passando, rotineiros, e o ventre de Bruna avolumando-se.

Armando e ela passaram a ter muitos sonhos estranhos e, não entendendo a mensagem deles, assustados, procuraram terapeutas da área da Psicologia, para ver se encontravam uma explicação para esses sonhos.

A psicóloga indaga:

— Como são os sonhos? Agradáveis? Coloridos? Como se passam? Ficam agitados, amedrontados?

— Não — adianta-se Armando. — Enquanto sonhamos é muito agradável, e o mais estranho é que sabemos que Luciene está morta para a vida aqui na Terra, mas está viva para nós, certamente em outra dimensão. E nos sonhos temos consciência disso.

A psicóloga Marta sorri, encantada com a ingenuidade do casal.

— Falando sério, vocês me permitem emprestar-lhes um livro que talvez venha esclarecer este assunto que tanto os atormenta?

— Claro, doutora, faremos tudo o que a senhora indicar, para não prejudicarmos o bebê que vem aí.

— Este livro aborda o desenvolvimento da criança em suas várias fases, e é fácil entendê-lo, porque foi escrito para pais que têm o seu primeiro filho. É muito bom! Quem sabe, lendo o que contém, com a visão maior, mais abrangente, muita coisa não vai mudar na maneira de encararem os sonhos...

O casal entreolha-se desconfiado, e Bruna pergunta:

— Doutora, não conhecemos nada sobre as técnicas psicológicas. Será que vamos compreendê-lo?

— O livro que estou sugerindo não tem técnicas rebuscadas, termos difíceis, mas relatos de vivências semelhantes às de vocês.

— Muito bem, faremos o que a senhora sugere – diz Armando.

Ao saírem do consultório, meio desajeitados, confabulam entre si:

— Pensei que levaríamos medicamentos, e ela nos dá um livro para ler.

— Acho que psicólogos não receitam remédios. Não sei se vai dar certo, mas não custa nada tentar.

O casal se afinou com o que o escritor escrevera e achou o livro de bom senso. O interessante é que, à medida que liam e comentavam juntos os assuntos do livro, os sonhos iam se espaçando, até não mais acontecerem, provavelmente porque eles pensavam a respeito da criança sob nova ótica.

A chegada de alice

O tempo vai passando e a barriga de Bruna vai crescendo sem grandes novidades. Conforme recomendações do seu médico, aprende a falar com o ser que carrega dentro de si. Às vezes Armando também participa do diálogo, acariciando a barriga da mulher. O ultrassom havia detectado que o bebê seria do sexo feminino.

Em um momento de desprendimento, tinham doado todos os pertences da filha desencarnada. Assim, iniciaram um novo enxoval para a criança que estava vindo.

No dia em que começaram as dores, o primeiro a ser chamado foi o dr. Miguel, que entrou no hospital junto com o casal e participou o tempo inteiro do parto. Armando, para variar, não tem atitude diferente neste parto: sua muito, mexe e torce as mãos, suspira fundo. Um medo incontido toma conta dele, provocando-lhe ansiedade na mente e no coração.

O parto dura mais de uma hora e meia. Uma enfermeira de braços fortes e corpulenta vem dar a boa notícia: nasceu uma menina gorducha, com 48 centímetros e três quilos e meio. Quando Bruna retorna ao quarto hospitalar, a família e os amigos estão à sua espera para cumprimentá-la, desejando-lhe felicidades. Armando, o mais ansioso, não tira os olhos da mulher e da filha. Pensa, ao tirar fotografias da criança: "Se eu colocasse os retratos juntos, não saberia qual é a primeira e qual é a segunda filha, tal a semelhança.".

Como a primeira, a segunda é festejada e amada por todos ao chegar ao mundo das formas corpóreas.

À medida que o tempo vai passando, Alice fica cada vez mais parecida com Luciene, a ponto de o casal não notar, na segunda filha, uma experiência diferente. Gosta das mesmas comidas que Luciene. Alice também tem predileção pelo mesmo ursinho com que a primeira gostava de brincar. Com dois anos, começa a ter atitudes estranhas, a dizer que fora Luciene, a primeira filha do casal, e que papai do céu havia lhe permitido nascer no mesmo lar. Quando olha os álbuns de retratos, diz:

– Papaizinho e mãezinha, aqui sou eu na cadeirinha que vovó me deu. – Ou: – Aqui foi no parque, quando caí do balanço. – E mostra o sinal que traz na testa, parecido com o da sua irmã Luciene.

Tudo isso aborrecia os pais, que temiam pela sanidade mental, tanto deles quanto da criança. E, quando estão juntos, fazem questão de dizer:

– Não, Alice, isso aconteceu com a sua irmãzinha que está no céu, não foi com você.

Mas que nada, a menina bate o pezinho e fala:

– Não, não, paizinho. Foi comigo, quando eu era Lili.

Armando põe-se a meditar: "Primeiro foram aqueles sonhos doidos, depois a terapeuta a nos curar com o livro, agora isso, a menina não sabe distinguir a sua identidade da identidade da sua irmã."

Bruna torna-se, com esse assunto, mais reservada e cautelosa, não incentivando os acontecimentos, como também omitindo de Armando certas esquisitices da menina. Mas, fora esses incidentes, a vida corre na sua normalidade.

Quando Alice está prestes a fazer quatro aninhos, avisa os pais, como se fosse uma pessoa adulta, criteriosa:

– Mamãe, papai, estou tendo os mesmos sintomas da doença que tive quando fui Luciene, mas não se preocupem, um senhor de cabelos brancos e barbas longas como as de Papai Noel me disse que desta vez vou vencer, superar a enfermidade.

Pânico, dor, medo os assaltam no momento. Armando, mais forte que Bruna, dá bronca em Alice e fala:

– Pare com isso, menina, você está novamente imaginando?

– Não, papai, hoje, quando acordei, eu não conseguia abrir os olhos, minha cabeça doía muito. Aí apareceu esse senhor, que disse que era o meu médico e que eu deveria falar isso para vocês. Ai, mamãe, tá doendo a minha cabeça, não posso abrir os olhos. Ai! Ai!

Armando e Bruna, no primeiro instante, ficaram sem ação. Sílvia, a tia, que havia ouvido toda a conversa, correu para o telefone, chamando o doutor Miguel, contando mais ou menos o que havia presenciado. Não levou dez minutos, e lá estava o médico, com sua malinha e o estetoscópio em punho. Quando olha para os pais, vai logo dizendo:

— Nada de precipitação. Alice é muito delicada, vamos examiná-la com o estetoscópio.

Nesse ínterim, a menina arde em febre, seu corpinho treme todo, e ela delira.

Miguel, ao examiná-la, sua muito, mas, firme, vai até o fim do exame. Logo detecta uma infecção, amigdalite, apaziguando os pais.

— Para nos tranquilizarmos, vamos levá-la ao hospital, para exames clínicos. — E explica: — Não, nada de anormal nela, e isso já é alentador. Vamos controlar a febre para que não tenha convulsões. Se ocorrer qualquer coisa diferente, chamarei colegas na área da neurologia, para observarem-na conosco.

Bruna, agarrada ao marido, chora convulsivamente, enquanto Armando tenta ser forte, mas seu olhar está desnorteado pela aflição.

— Miguel, Miguel, meu amigo! Será que devemos alguma coisa a Deus, para passarmos por mais esta infelicidade?

Miguel os consola:

— Calma, calma, não vamos nos precipitar. Vamos aguardar os acontecimentos com otimismo. Alice, porenquanto, está acometida de uma infecção de amígdalas, mais nada.

As vinte e quatro horas que se sucederam foram de expectativas e aflições, debeladas pela boa recuperação de Alice, que se mostrou receptiva aos antibióticos. A febre aos poucos vai cedendo, e a menina, sentindo-se melhor, acaba saindo daquele torpor que a deixava sem ânimo.

Após dois dias de luta contra a infecção e a febre, a menina recupera-se paulatinamente. Afinal, descobriram que não era meningite, mas sim uma enfermidade controlável. Em meio à febre, Alice falara coisas desconexas e, no meio das frases, palavras no idioma francês, como: *pardon* (perdão), *la maison* (casa), *mon petit* (meu pequeno). Chamava os pais por outros nomes – Armando, de François; Bruna, de Colette – e disse ter sido sua amiga no tempo do imperador Bonaparte. Isso cada vez mais os assustava, achando que a filha ia perder a razão. O dr. Miguel, cético com os acontecimentos, disse, com sarcasmo:

– Será que Jung tinha razão? Possuímos mesmo um inconsciente coletivo?

Bruna olhou para o marido e falou:

– Armando, o livro da psicóloga, lembra? Fala sobre vidas sucessivas, ou reencarnação.

– Escute, querida. Aquilo é especulação que a ciência oficial ainda não provou.

– Mas... querido, como vamos entender os fenômenos que vêm nos acontecendo desde a morte de Luciene? Sonhos, batidas no quarto dela, choro, predição de que ia nascer? E Alice, então, dizendo que é a mesma filha que morreu? Não, querido, desta vez não estamos loucos; ao contrário, estamos bem lúcidos. Precisamos consultar novamente a psicóloga, para ela nos aconselhar sobre o que devemos fazer.

*****

Depois que Alice se recuperou, voltaram para o lar, sem que ela demonstrasse problemas que acreditavam ser psíquicos. A menina quase não falava mais as esquisitices de ser a própria irmã falecida.

Certa noite, assistiam, na televisão, a um programa sobre paranormalidade, em que o entrevistado falava com convicção que certas pessoas têm faculdades ou capacidades de conhecer coisas que o povo desconhece. E que essas pessoas têm uma vida normal, são bons profissionais e estão bem integrados na comunidade. Muitos prestam ótimos serviços ao Espiritismo, colaborando nos vários setores mediúnicos, ajudando, com passes, muitas pessoas necessitadas.

O casal ouvia com interesse. Bruna bebia as palavras do entrevistado.

– Ah! E tem mais, certos parapsicólogos estão desenvolvendo a busca de soluções para problemas insolúveis, uma técnica que eles chamam de Terapia de Vidas Passadas, ou TVP, para resolver, no presente, os problemas enfrentados no passado – completou o entrevistado.

– Nossa! – exclama Bruna. – Mas que coisa interessante! Isso, vindo da parte da ciência, deve ter credibilidade. Viu, amor? Afinal, o que se passou conosco não é assim tão inverossímil. Mas onde buscar fontes para nos esclarecermos? Você lembra que o entrevistado falou em Espiritismo?

– Ao que me consta – fala Armando, com azedume –, isso é coisa de bruxaria, misturada com ignorância.

Bruna, irritada, altera a voz:

– Dizem, dizem... Mas isso não basta. Precisamos nos informar mais sobre o assunto. Vou tomar providências a esse respeito.

– Veja lá o que vai fazer, não nos comprometa.

– Não se preocupe, querido – ela fala irônica –, tomarei cuidado para que o seu nome não seja envolvido.

– Bem, vamos dormir. Amanhã terei um dia cheio no escritório.

– E eu – conclui Bruna –, tarefas em casa.

Recordações do passado

Amanhece, e o Sol, aos poucos, se ergue iluminando a cidade e seus habitantes. Na casa dos Almeida, a rotina é a de sempre. Bruna, na cozinha, às voltas com o café da manhã. Leite, frutas, torradas. Era o cardápio mais comum. Armando, sentado à cabeceira da mesa, enquanto ingere seu café, lê o jornal do dia. Fofocas, política, crises econômicas são os assuntos mais explorados. Mastigando algumas torradas ainda quentes, de vez em quando ele fala de boca cheia, praguejando contra a demagogia dos políticos do país e insatisfeito com as finanças do Brasil.

Alice, sentada em sua cadeirinha, fala docemente:

— Mamãe, não gosto de leite. Eu quero café, cheira tão bem quando papai toma!

— E aí, minha filha, como vai? Não tem mais dodói? – pergunta

Armando olhando por sobre o jornal.

– Ah, papai, esta noite tive um sonho muito bom: o dr. Neto, aquele que mandou o recado para o senhor, me disse que estou curada e que não temos mais que nos preocupar com a minha antiga doença. Só vou adoecer com gripes, sarampo...

Falando, mastiga uma maçã, em substituição ao leite, de que não gosta.

– Ah, filhinha, não aborreça seu paizinho com sonhos bobos. Filha, sonho é sonho, é uma criação da cabeça, quando a gente dorme.

Mesmo em um corpo de criança, Alice é um espírito de grande bagagem espiritual.

– Mamãezinha, eu não gosto de ver a senhora falar assim, comigo. Vou fazer cinco anos, já estou uma mocinha. O senhor não acha, papai?

– É, minha filha, parece uma mocinha. Então mudemos de assunto.

Alice, de aventalzinho marinho enfeitado com bolinhas brancas, arrumava-se para o jardim de infância. Ia junto com o pai, que a deixava na escola. A mãe ajeitou sua roupa e a mochila nas costas, dizendo:

– Alice, não comente com suas amiguinhas e professora sobre o que você fala aqui em casa. *Tá* bem?

– Sim, mamãe, se é isso que a senhora quer.

Lépida e faceira, desce a escadaria da casa, para entrar no velho carro do pai. De lá, bem acomodada, diz:

— Tchau, mamãe, não se preocupe, vou me comportar bem na escola. *Tá?*

— Tchau, querida, assim espero.

A manhã estava bonita e radiosa, e Bruna não se apercebeu do adiantado da hora, entretida que estava com as inúmeras tarefas domésticas, que fazia com muita perfeição. Tratou de suas violetas, que ficavam nas floreiras da sua modesta e bem cuidada casa. Molhou suas samambaias, retirando delas as folhas feias e amareladas. Às onze horas foi para a cozinha, com um avental azul e, com boa disposição, preparou com carinho a refeição do dia. De rádio ligado, ouviu casualmente o convite para assistir a uma palestra de famoso conferencista espírita, que iria abordar os assuntos "morte e reencarnação".

— Meu Deus! Que sorte a minha! *Taí* alguém que pode nos ajudar. Vou anotar o endereço e o dia da palestra. Quando Armando chegar, combinarei para irmos juntos falar com o conferencista.

No fim do dia, o Sol recolhe seus esfuziantes raios que iluminam a Terra, dando lugar à majestosa noite, com suas constelações, saturando o céu de estrelas.

Chegando com uma pasta modesta, Armando deixa seu velho carro na entrada da garagem, entra suarento e dirige-se à geladeira, sedento por um copo d'água.

— Oi, pessoal! Estou em casa, cansado e com sede. Hoje me tiraram a casca, lá no escritório. O chefe estava um leão!

Com aquele vozeirão vindo da cozinha, as três se encaminham para lá: Bruna, Sílvia e Alice. A primeira a chegar foi a menina,

com os bracinhos abertos, abraçando as pernas do pai.
– Oi, filha! Deixe-me beijá-la.

Uma noite de alegrias

Bruna ouvia a palestra com extrema atenção. Seu coração, antes cheio de amargura, era aquecido por ternas e esclarecedoras palavras. Parecia que o expositor flutuava, à medida que falava de Jesus, de suas curas, de suas prédicas e andanças pela Palestina. Depois, enalteceu a pessoa do senhor Allan Kardec, que, além de culto pesquisador, havia codificado a Doutrina Espírita denominando-a, com muita propriedade, "O Consolador Prometido"[1]. Falou em reencarnação, comunicação dos espíritos e que a Terra era ainda um mundo de provas e expiações, mas que, no futuro, passaria para plano de regeneração, onde a única competição seria a de fazer o bem.

Após a bela explanação, que levou mais de hora e meia, a

---
1 KARDEC, Allan. *O Evangelho segundo o Espiritismo*. São Paulo: Petit, 2015. Cap 6, item 3 (O consolador prometido).

atmosfera fez-se incomum no ambiente, e os presentes, sedentos de conhecimentos, bebiam daquela fonte que mexia com suas mais íntimas emoções e esperanças de renovação.

O palestrante era uma pessoa de estatura mediana, cabelos escuros, olhos miúdos e fisionomia sorridente. Suas palavras faziam Bruna pensar e repensar, emocionando-a, num plano que ela desconhecia: o da paz e harmonia verdadeiras. Levava os ouvintes, pela descrição, a lugares distantes e fazia-os entenderem Deus como Senhor misericordioso, que não castiga, mas espera que todos cresçam. Era como se Bruna estivesse em harmonia com Deus e com o destino, tudo compreendendo por um novo prisma, por uma nova ótica. Seu coração rejuvenescia.

Após a palestra, Bruna comprou um dos livros escritos pelo palestrante, que ele autografou. Bruna pediu-lhe alguns minutos para esclarecê-la sobre o que se passava com Alice.

Ele a ouviu com paciência e achou interessante que sua filha recordasse o passado. Disse-lhe também que na literatura espírita havia farto material sobre o assunto. Deu-lhe o seu endereço e pediu-lhe para escrever.

Já passava das onze horas, e Bruna, magnetizada pelo ambiente, pela figura ímpar daquele missionário, não se animava a sair, até que seu marido, estranhando sua demora, entrou no salão de palestras e a tirou de lá, segurando-a pelo braço.

Bruna nunca se sentira assim, como que fora da realidade. Apreciou mais a natureza, valorizando-a. A aragem da noite estava agradável, e o aroma das flores trazido pela brisa saturava o ar.

A lua cheia iluminava a noite de estrelas fulgurantes e prateadas. Enquanto o vento morno mexia com os cabelos de Bruna, dançando entre eles, Armando a olhava, desconfiado:

— O que foi, querida? Parece fora de si. O que você ouviu para ficar assim? Eu não disse que essa gente tem parte com o diabo? São fanáticos e cheios de sortilégios.

Ela mal ouvia os resmungos do marido. Seu coração continuava a emitir sentimentos desconhecidos, belos e enternecedores.

*****

Quando chegaram à porta de casa, ainda sob a forte emoção da palestra ouvida, ela olhava tudo com novos olhos, valorizando mais o que havia conquistado. A fachada de sua casa era harmoniosa e delicada, latadas de roseiras enfeitavam a frente, num minúsculo jardim cuidado e regado por ela.

— Querido — disse ao marido, ao entrarem —, você já assistiu a uma palestra assim sem pagar ingresso?

— Não.

— Pois esta era gratuita, aberta ao público. Havia uma multidão, aquecida pelas palavras e energias que do palestrante saíam em forma de palavras amáveis e verdadeiras.

— Viu? Não disse? Isso não me cheira bem. Ah, querida, temos médicos, terapeutas, por que nos metermos com essa gente? Temo por você.

— Não, Armando, desta vez, não! Estou no caminho certo.

A minha inteligência e o meu coração beberam na fonte da sabedoria desse "homem que fala de Jesus e de esperança", nada impondo, apenas expondo, iluminando a mente sem subornar ou nos submeter às suas ideias. Ele fala com convicção e autoridade de quem conhece, sem escravizar ninguém à sua maneira de pensar. Querido, nunca passei duas horas sem senti-las passarem. Sabe? Deu-me seu endereço e pediu-me para lhe escrever.

– Viu? Nossa! O homem é um charlatão, quer lhe pedir por carta o que não conseguiu lhe tirar de frente.

– Pare, Armando. Pare! Se desconfiar, da próxima vez vá comigo e terá uma surpresa.

– Mas, afinal, quem é esse fenômeno, essa sétima maravilha, esse achado?

– Ah, querido, você não vai me tirar do sério, mas não vai mesmo. E não vou perder o que ganhei lá: paz de espírito. Vamos nos recolher, pois amanhã tenho um dia cheio de compromissos. Não é assim que você diz, quando não quer prolongar qualquer assunto que não lhe agrade?

O casal recolhe-se aos seus aposentos, cada um vivendo o seu mundo de crença e expectativa. Apesar de se amarem, de os acontecimentos os unirem, naquela noite estão distantes, divergindo de opiniões.

A lua franjada teimava em penetrar pelas frestas das persianas, emoldurando o rosto moreno de Bruna, coberta por alvos lençóis de cambraia, de olhos fechados para o mundo exterior e os da alma abrindo para as verdades eternas, dando rotas à mente e dirigindo-se em espírito para o céu. Dorme sob forte emoção naquela noite, noite de libertação da alma aprisionada aos preconceitos do mundo. As amarras do cotidiano e da mediocridade haviam-se rompido, transformando seus dias em eterna atividade, não dos que morrem, mas dos que se libertam para a vida verdadeira, recordando o passado e investindo no presente, para recolher frutos saborosos no futuro. Os séculos e o tempo se confundiam naquela noite de lua cheia. As sementes do amor e da verdade haviam sido plantadas no coração de Bruna, e o palestrante de Jesus, como era chamado, seguia em frente, salpicando sua estrada de estrelas brilhantes, levando aos corações sofridos o alento de uma nova era.

O dia amanhece, as folhas enferrujadas das árvores lentamente despencam dos galhos secos, e o vento dançarino, em rodopios mil, limpa as calçadas das sujeiras deixadas pela algazarra dos que aproveitaram a noite.

Armando, após uma noite insone pela discussão que tivera com Bruna, por causa da palestra e da maneira estranha como ela retornara, levanta-se cedo, cabeça em brasa, não sabendo como contornar a situação. Ama a esposa, idolatra a filha, mas não quer misturar sua vida simples e modesta com o desconhecido e, segundo ele, perigoso mundo da fantasia e da imaginação excitada. Embora não fosse ateu, também não era religioso; acreditava em Deus, e isso lhe bastava.

Agora, submeter-se ao que não conhecia e, pior, envolver sua mulher e sua filha, os únicos tesouros que ele tinha, ah, isso não permitiria, mas não permitiria mesmo! Lutaria pela privacidade de tê-las consigo, sem partilhar seus problemas com o desconhecido.

Enquanto fazia a barba e se olhava no espelho, seus olhos se encheram de lágrimas, lembrando o que havia passado com suas duas "querubins". Pela primeira vez estão em lados diferentes, com opiniões contrárias e sentimentos inversos. Parece que uma parede de gelo se interpõe entre os dois. Conjetura para si mesmo:

"Não, não vou ceder. Bruna tem de compreender, é para o nosso bem e nossa paz familiar. Paranormalidade, mediunidade, Espiritismo, coisas que não estão no nosso programa. Não e não, ela há de entender que faço isso", pensava, "para o nosso bem".

Bruna passara a noite entre a sensação mágica da palestra e a discussão que tivera com o marido. Levanta-se para as tarefas domésticas do dia. Prepara o café coado da manhã, que cheira bem, esquenta o leite, enquanto coloca algumas torradas na mesa de toalha xadrez, limpa e engomada. O jornaleiro atira o jornal na escadaria da casa e toca a campainha do portão. Armando, ainda de roupão e de chinelo, abre a porta e vai direto à encomenda. Para seu desconforto, ao abrir o jornal, depara com uma notícia do palestrante, que preparava a humanidade para o terceiro milênio, abalando opiniões. Armando, amuado, resmunga em voz alta:

– Não faltava mais nada – ironiza –, até o jornal se ocupa "dessas coisas". Com isso, Bruna ficará mais fantasiosa com esse assunto. Vou cuidar para que ela não leia o jornal.

Sentam-se à mesa e lancham, enquanto Alice vem com uma novidade:

– Mamãe, papai, eu quero uma bicicleta de duas rodas, não gosto mais do meu triciclo. Quero "dar ele" para o meu primo Filipe.

– Tenha calma, filha – fala Bruna –, tome o seu leite, se esforce, leite é bom para a saúde. Depois falamos disso.

– Mas, mamãe, eu prometi a ele que, se eu ganhasse uma bicicleta, daria o meu triciclo.

– *Tá* bem – diz Armando, contemporizando. – Quando eu lhe comprar a bicicleta, você dá o triciclo para o primo.

– Ah, papai! – fala a criança, abraçando-o. – Como eu "lhe" amo!

– Deixe de conversa e vá logo se aprontar para irmos ao colégio; já estamos em cima da hora.

Alice termina de se arrumar, auxiliada pela mãe, coloca a mochila nas costas e aguarda o pai, que vai buscar sua pasta. Ambos descem a escadaria de madeira da casa para pegar o velho carro. Bruna nunca se separava do marido sem um beijo, desejando-lhe um bom serviço, mas naquele dia ele não tinha nem se despedido. Chorando, fala para si:

– Por que Armando se comporta desse jeito? Tão preconceituoso. Sem mesmo examinar o que não conhece. Reage dessa maneira, sem diálogo, obstinado, agarrado a pontos de vista.

O palestrante havia-lhe sugerido *O Livro dos Espíritos*, que também falava sobre a relação entre infância e espiritualidade, obra que iria esclarecê-la sobre a experiência que vivia com a filha.

De repente, sente como se uma brisa gostosa passasse sobre sua cabeça e, na sua mente, surgem pensamentos harmoniosos e apaziguantes, inspirando-lhe confiança e esperança. Uma voz mental sussurra em seus ouvidos:

– *Aguarde, tenha fé, mandaremos alguém para ajudá-la.*

As tarefas domésticas não dão folga: ela arruma, limpa, passa, cozinha – era a rotina de uma dona de casa, e aquele dia não era uma exceção. Armando chega para o almoço, silencioso, come sem de nada reclamar, coloca Alice sobre seus joelhos e pergunta o que aprendera na escolinha, naquele dia. A menina, esperta e inteligente, relata tudo o que fizera, com graça e sagacidade.

Bruna tinha terminado a limpeza do almoço e colocado a filha para dormir enquanto o marido, em frente à televisão, cochilava, aguardando a hora de retornar ao trabalho.

Passava das três horas da tarde, e Bruna bordava e entretinha-se com um programa de televisão, quando a campainha da casa tocou. Ao abrir a porta, depara com dona Esmeralda, vizinha do mesmo quarteirão, trazendo nas mãos um prato com uma fatia de bolo de fubá:

– Posso entrar, Bruna? Eu gostaria de conversar com você.

– Pois não, por favor, entre. Estou bordando um lençol para o quarto de Alice. Obrigada pelo bolo, pena que eu não tenho nada para lhe oferecer.

– Que nada, não é preciso, é um presente de boa vizinhança. Como sou nova aqui na quadra, agradei-me mais de vocês e vim aqui para estreitar a amizade.

– Fico lisonjeada pela escolha, mas sente-se. Esta é a hora que descanso das tarefas da casa.

– Ontem fui à palestra e notei que você também estava lá – falou dona Esmeralda. – Foi muito boa a palestra, você não achou?

– Nossa! A senhora também estava lá?

– Sim.

– Nunca assisti a coisa igual! Senti-me como que transportada para outras esferas enquanto ouvia a exposição. Sinto até agora os sintomas da emoção.

– É... Quando o ouço, também fico assim, em estado de graça.

– Que bom que eu tenha com quem trocar impressões – disse Bruna.

– Eu sou espírita – falou dona Esmeralda com simplicidade –, tenho a mediunidade de ver e ouvir os espíritos. Hoje, ao me levantar, apresentou-se um espírito de mulher, que me disse: *"Vá à casa de Bruna e diga-lhe que ela está no caminho certo. Meu nome é Ângela."*.

Bruna arrepiou-se toda e exclamou:

– Mas então é verdade que os espíritos existem? Ângela é o nome de uma tia que morreu há muitos anos, irmã de minha mãe.

– Bem, isso não me surpreende, pois estou acostumada com eles. Ela insistiu muito, mas eu não sabia como me aproximar sem ser intrometida. A ideia do bolo de fubá foi dela.

– Dona Esmeralda, a senhora caiu-me do céu. De manhã, quando eu iniciava a arrumação da casa, estava desolada. Meu marido não aceitou eu ter assistido à palestra, e até nos desentendemos por isso. Mas uma voz, não sei de onde, dizia, dentro da minha cabeça, que eu receberia ajuda. Tudo se enquadra, a senhora vê?

– Claro! Estou acostumada com isso – reforçou a vizinha. – Pode confiar em mim. Em que posso ajudá-la?

– Mas passemos para a cozinha, vou preparar um café para tomarmos com o seu bolo. Armando diz que o meu café é o melhor que existe, coado na hora.

– Então, vamos provar, para tirar as dúvidas – falou dona Esmeralda bem-humorada.

Enquanto o café era coado, Bruna arrumava a mesa.

– Sinto necessidade de falar com alguém que entenda desse assunto, para me esclarecer. Sabe, dona Esmeralda, vivemos momentos muito tristes em nossa vida. Perdemos nossa primeira filha de meningite e ficamos inconformados. Passado algum tempo, começamos a ter visões, sonhos, ouvíamos nossa filha morta predizer que ia renascer. Passamos noites e mais noites esperando que ela voltasse, num passe de mágica, mas não, estávamos enganados, eram somente alucinações. Depois nasceu Alice e, quando ela começou a falar e a ficar maiorzinha, confundiu a sua personalidade com a de Luciene, dizendo ser a que havia morrido. Até hoje lutamos com esse problema. Volta e meia deparamos com ela falando de quando foi a outra. Foi por isso que me interessei por assuntos ligados ao Espiritismo, na esperança de achar uma resposta para o que nos vem acontecendo. Tem de haver uma solução para isso. Já tentamos psicólogos. Ajudou, mas não resolveu, continuamos com o fenômeno, tenho medo de que nossa filha venha a perder a razão. Estremeço só de pensar. Quando ouvi, no rádio, que esse espiritista iria falar sobre morte e reencarnação, tive esperança, e acho que ouvi-lo não foi em vão. Parece que minhas preces foram ouvidas pelo céu, ou pelos espíritos. A prova disto está aqui: a senhora.

Recordações de Bruna

— Não dá para fingir nem para esquecer que vivemos numa situação desigual – falou Bruna. – Querido, não podemos nos esconder de nós mesmos, como se tudo estivesse bem, porque não está. E sabemos disso, precisamos de ajuda, ou pelo menos de alguém que nos oriente para sabermos lidar com o problema de Alice. Isto é, se é problema, ou se temos de nos adaptar a uma realidade que desconhecemos.

— Você pensa que também não me ocorreu isso? Mas, só de pensar que Alice possui algo irreversível, me desespero e fujo para não me encontrar com a realidade. Quantas vezes me pergunto onde começa a sanidade e onde termina? Qual é o limite entre o equilíbrio e o desequilíbrio? Nossa filha, fora as esquisitices, leva uma vida normal, come bem, dorme bem, brinca, estuda, relaciona-se com todos. Então, onde está o problema? É psíquico ou neurológico? Ainda há pouco conversei com Murilo, no escritório, um homem de bom senso, que me disse que a ciência está investindo no campo da paranormalidade e até me deu o endereço de um médico que estuda o assunto. Estou com esse endereço no bolso, mas não me animei a marcar a consulta. Vamos esperar mais um pouco. Quem sabe, assim como veio, a perturbação não vai embora...

Bruna, abraçando o marido, beija-o suavemente:

— Ainda zangado porque fui ver o espírita? — falou, mexendo nos cabelos negros e fartos dele.

— Não, a propósito, peço-lhe desculpas, pois, como eu, você deseja o melhor para nossa filha. De certa forma, dou-lhe razão. Quem sabe não está aí a solução do nosso problema? Precisamos nos despir de todo preconceito e examiná-lo com destemor, sem discriminar isso ou aquilo, antes de examinar o porquê da existência dele.

Bruna desconhecia o marido, antes obstinado, teimoso, inflexível nas coisas espirituais e, agora, acessível e contemporizador. "Nossa!", pensa, "quem o influenciou de modo positivo, para ele ficar mais flexível, sem aquela postura do 'não, e pronto', sem saber o porquê de estar negando? Será que foi o amigo do escritório que o convenceu? Meu Deus! E qual foi o argumento que usou? Armando é de temperamento forte e de caráter firme. Não muda de opinião à toa, seria preciso muita argumentação e que tivesse respaldo em alguma coisa que fosse palpável, material. O que será que o fez mudar? O que será?"

Silenciosa, mas atenta, Bruna questiona-se com a mudança do marido.

Passava das vinte horas, quando Armando, após o banho, sentou-se à frente da televisão, a fim de assistir ao noticiário da noite ao mesmo tempo em que folheava o jornal impresso. Dera por encerrado o assunto sobre Alice. Bruna ofereceu-lhe um cafezinho, enquanto Alice se entretinha com bonecas, fogõezinhos e caminhas – tudo bem-cuidado, ninguém a ensinara, era aptidão natural dela.

Bruna, na cozinha, se envolvia com a arrumação, ouvindo uma música em volume baixo, vinda de seu rádio-relógio. De sua mente não saía a conversa que tivera com dona Esmeralda. A vizinha havia combinado levá-la no dia seguinte, à tarde, para visitar a instituição espírita, onde poderia tomar passe e se inscrever para uma entrevista. Enquanto pensa, se agita, perguntando a si mesma: "Devo ou não contar para Armando que vou a uma casa espírita?"

E, para se certificar de como estava o humor do marido, espia-o de onde está.

"Não", pensa, "não vou preocupá-lo. Afinal, o lugar é sério e honesto, senão a vizinha não me traria boa referência. Quando tomar conhecimento de como é, então lhe direi, em momento propício."

A música continuava agradável, harmoniosa. Bruna, enquanto seca os pratos do jantar, cantarola baixinho acompanhando a melodia.

– Querida! – exclama Armando, da sala. – O que foi que aconteceu para estar tão alegre?

– Não sei. Talvez a noite estrelada, o perfume das flores, o ar com a brisa sussurrante, sei lá, algo que não sei explicar.

— Opa! Mas que poético. Não sabia que admirava a natureza.

— É que hoje, não sei por que, meu coração está mais sereno, isto é, desafogado. Pressinto que vamos sair desses problemas que nos rondam a vida, e isso me deixa feliz.

Armando, absorvendo a atmosfera em que Bruna se envolvia, também dela participa. Abre os braços para sair da modorra em que o corpo estava, encosta-se na janela e observa a beleza do céu, com suas estrelas brilhantes. Vai ao encontro de Bruna e, com os olhos cheios de amor, puxa-a para perto de si, retira o laço que segura seus cabelos e os deixa cair até os ombros, beijando-os com suavidade. Depois, virando-a devagarinho para a sua frente, busca seus lábios e neles deposita um beijo cheio de amor.

— Pare — diz ela, fazendo-se de amuada, tentando se desvencilhar dos braços fortes —, Alice pode nos ver. Que feio!

— Bruna! Acorde! Estamos no fim do século vinte, nos amarmos nunca foi motivo de vergonha ou de escândalo, ou pensa o contrário?

— Desculpe-me, querido, faz tempo que não me afaga assim, me constrangi.

— Pois, daqui para a frente, farei isso com muita frequência, sim, minha princesa?

— Nossa! Estou mesmo merecendo. O que foi? O jantar caprichado?

— Não seja injusta, mesmo que não dê demonstração do meu afeto, sabe o quanto você vale para mim. Você é minha alma afim. Não foi à toa que corri atrás de você, lembra? Esperava-a na saída do colégio das freiras franciscanas, todos os dias, e você se fazia de rogada, fazia de conta que não compreendia. E quando eu tentava entabular conversa, fugia. Outras vezes, eu participava da torcida, no seu colégio, nas competições de vôlei, em que seus saques eram os mais fortes, quase ninguém conseguia segurá-los, e outra vez fugia de mim. Quando fazia ponto, a torcida vinha abaixo, e eu também.

– Ah, querido! Isso faz tanto tempo. Lembro-me de que, quando cursava o magistério, eu era louca por esporte.

– Por isso você tem uma invejável estrutura muscular. Nem as duas gestações a engordaram; voltou logo ao seu peso normal. Bons tempos foram aqueles, nunca fui tão feliz como na minha juventude. Nas férias ia para a praia, na casa do tio Cláudio, e lá ficava até o fim da temporada, curtindo a juventude. Eu dava um jeito de me hospedar em casa de amigos e não tirava os olhos de você. Tínhamos uma certa diferença de idade.

– Enquanto você cursava a faculdade, que não conseguiu concluir em razão da morte de seu pai, eu achava que queria só caçoar de mim. Na época, eu era magrela e só tinha quatorze anos.

– Sua boba, você povoava meus sonhos de jovenzinho. Com a morte de meu pai, passamos por muitas dificuldades. A empresa tinha quebrado, e o que restou foi investido no inventário da casa e no enterro dele. Foram momentos de tristeza e desespero. Pensei que, quando ficássemos na miséria, você nunca mais iria querer me ver ou namorar. Quando, no baile de formatura, me convidou para ser seu par, não acreditei! Cheguei correndo a casa e gritava para todos: "Me belisquem! Me toquem! Não estou bem!". Mamãe foi a primeira a chegar perto de mim, assustada, colocando a mão na minha testa para ver se eu estava com febre. E eu continuava repetindo: "Me belisque, estou lhe pedindo". E mamãe, obedecendo, deu-me um beliscão na bochecha. Aí, eu senti e disse: "É verdade, estou vivinho da silva!". "Meu filho, por que toda essa algazarra? Está alvoroçado", disse ela. Aí eu respondi: "Porque Bruna de Alencar convidou-me para o baile de sua formatura". "Credo, filho, que susto! E daí?", falou mamãe, muito orgulhosa do filho que tinha. "É ela que tem de ficar feliz por dançar com um moço tão bonito feito você".

– Sempre tive o maior respeito por sua mãe – disse Bruna. – Às vezes ela me amedrontava, pela maneira que comandava você. Parecia que estava num navio, dirigindo o leme. Eu até achava que ela não gostava de mim.

– Nada disso, está enganada, é que eu falava tanto em você e nas suas qualidades, que ela sentia ciúmes e, como eu era o caçula, temia me perder. Cada vez que eu saía com você, ela dizia: "Meu filho, respeite a moça como gostaria que respeitassem a sua irmã. Afinal, você ainda estuda e não está pronto para casar". Com a morte de papai, tudo mudou. Tive de arranjar às pressas um emprego para ajudar nas despesas da casa, e, quando de fato nos apaixonamos, não deu mais para esperar e nos casamos. Lembro que as "más línguas" diziam que você estava grávida e, para fechar-lhes a boca, você ficou dois anos e meio sem engravidar.

– Depois disso, papai fugiu com outra mulher – falou Bruna

–, deixando mamãe com todos os encargos sobre seus ombros. Aqueles, para mim, foram dias de tristeza e dor. Quantas vezes encontrei minha mãe insone, com os olhos inchados de chorar, agarrada ao retrato dele. Olhava-a em silêncio, retornava para o meu quarto, de janelas amplas, e lá ficava, também em profunda nostalgia, perguntando-me por que ele fizera aquilo conosco. Minha mãe não era feia, tínhamos a mesma estatura, éramos até parecidas. Era meiga, responsável e nos amava muito. Papai, fugindo com uma das empregadas, justamente quando a economia do Brasil estava passando por dificuldades, deixou mamãe com três filhos para cuidar: João Luiz, Sílvia e eu. No princípio, papai nos mandava uma pensão, que dava para nos manter com dignidade, mas, com o passar do tempo, ela foi espaçando, diziam alguns, por influência da mulher com quem fora embora. Aí mamãe achou que seria melhor eu me casar, era uma boca a menos para alimentar. João Luiz, coitado! Interrompeu o curso de Arquitetura e empregou-se numa firma de engenharia, para fazer desenhos técnicos.

"Soubemos, mais tarde, que papai tinha dado para beber e empobrecera, fora traído e acabara só. Não aguentando, suicidou-se em um hotel barato, com arsênico na bebida. Foi muito triste, mas assim mesmo fomos à cidadezinha em que ele morava e fizemos o seu enterro. Isso aconteceu na nossa vida como um furacão, arrastando tudo na sua fúria e depois indo embora."

O rádio seguia a sua programação musical, enquanto de pé e abraçados os dois recordavam o passado entremeado de alegrias e tristezas. Quando se deram conta, Alice, de olhos muito abertos, prestava atenção no que diziam. Quando acabaram de conversar, a menina bateu as mãozinhas e exclamou:

— Mamãe, papai, que história bonita! Posso contar para as minhas amiguinhas?

Armando, saindo da magia do passado, dá uma bonca na filha:

— Que história, menina? Que história?

— Ah, papai! A de mamãe e a sua, que seu pai morreu. Bonita e triste – falou a criança, enlevada.

— Alice, proíbo-a de falar dessas particularidades com suas amiguinhas, isso é assunto meu e de seu pai – falou Bruna, séria. – Você não estava brincando com as suas bonecas?

— Sim, mas aí eu comecei a prestar atenção no que vocês diziam e gostei.

Bruna dá uma risada para quebrar o gelo e pegando nas mãozinhas da menina vai logo levando-a para deitar.

— Hora de dormir, querida. Tivemos um dia cheio. Amanhã temos escola, lembra? E bem cedinho.

— *Tá* bem – diz a criança, fazendo beicinho para chorar. – *Tá* bem! A gente nem pode brincar e ouvir lindas histórias.

Bruna aperta a filha entre os braços, beija as faces coradas da menina, puxa-a docemente pelos cabelos encaracolados e lhe faz carinho.

Armando, buscando o passado, nostálgico, lembra, nas brumas do esquecimento: "Hoje eu poderia ser um executivo, ter uma empresa, um carro novo e uma casa confortável. Não que eu não goste da minha", e estende os olhos para apreciá-la de todos os lados, "mas, se inventarmos de ter um outro filho, teremos de aumentá-la."

A televisão transmitia um filme de faroeste, coisa que apreciava desde menino.

– Este é dos bons. – E, chamando Bruna, pergunta: – Está passando um filme bom, vamos ver?

– Está bem, já vou, assim que acabar de ninar Alice.

O filme fecha com chave de ouro aquela noite de recordações.

Na casa espírita

Combinado o dia, lá foram Esmeralda e Bruna, em direção à casa espírita. Tomaram o ônibus e viajaram por uns trinta minutos. Bruna estava excitada, com muita expectativa; Esmeralda, serena, confiante. Depois de algum tempo, Bruna quis saber:

– Falta muito?

– Não, querida, desceremos na oitava parada. Depois caminharemos algumas quadras e aí chegaremos.

A casa era um primor. A sua frente era emoldurada por um primoroso jardim, onde roseiras coloridas misturavam-se com açucenas e outras flores. Uma carreira de ciprestes, nas adjacências da casa, enfeitava a porta de entrada, de duas folhas, aberta. Atravessaram um curto corredor que dava para um *hall*, onde poltronas confortáveis, em tons discretos, marcavam o ambiente agradável. À entrada, foram recebidas pela alegre atendente, que anotou o nome de Bruna para a entrevista, que seria marcada após a reunião pública de passes.

Naquela tarde, a palestrante do dia os brindou com o capítulo "Bem-aventurados os que têm puro o coração", e o tema principal era "Deixai vir a mim as criancinhas", do livro *O Evangelho Segundo o Espiritismo*[2]. A exposição foi bem conduzida, e à medida que a jovem senhora expunha o tema, os olhos de Bruna enchiam-se de lágrimas.

Tudo o que aquela senhora dizia vinha ao encontro de suas interrogações. Afinal, o espírito não havia nascido na hora da concepção, mas era um ser antigo que Deus brindava com a infância e a inocência, para aprender melhor a experiência que iniciava a cada encarnação, esquecendo o passado de tormentos e desencontros. Bruna, ao ouvi-la, argumentava consigo mesma: "Minha Alice deve ter, como todos, um passado, pois, quando esteve doente e com febre alta, até em língua estrangeira se expressou".

Enquanto passavam para a câmara de passes, em silêncio, uma música suave enchia o ambiente de paz e harmonia. Ao retornar da sala de passes, Bruna foi abordada pela atendente, que lhe entregou um cartãozinho indicando dia e horário para a entrevista. Na saída, serviram-se da água fluidificada que era distribuída aos que se retiravam.

Tomaram o ônibus. Bruna, silenciosa, meditava sobre o que

---

2 KARDEC, Allan. *O Evangelho segundo o Espiritismo*. São Paulo: Petit, 2015.

presenciara. Havia cultura, conhecimento e consolação, nada do que ela fazia ideia. Ao contrário, a cada momento se surpreendeu com a disciplina e a atenção com as quais fora conduzida a reunião. Respeito e solidariedade foram distribuídos às mãos cheias, gentilezas e conforto haviam sido a tônica da reunião. Seu coração transbordava de alegria, pois tudo a que assistira vinha em resposta às suas interrogações.

"Ah", pensava, "se Armando viesse comigo, iria se surpreender e perder a impressão negativa que tem do Espiritismo. Que doutrina rica!"

Na sala contígua à casa espírita havia uma modesta livraria, e Bruna, na saída, comprou os livros sugeridos pela palestrante e vinha abraçada com eles, como se trouxesse um relicário de alto preço.

Dona Esmeralda caçoava dela, dizendo que os livros não iriam fugir de seus braços. Mas ela estava tão excitada com os acontecimentos, que trazia o rosto afogueado. Não via a hora de folheá-los para ver o que continham.

Eram dezessete horas quando chegaram ao quarteirão onde moravam. Sílvia e Alice as esperavam na frente da casa e ansiavam por novidades. Bruna, com a mente em alvoroço, contou em detalhes o que tinha visto e apreciado.

Convidaram dona Esmeralda para um lanche, pois estavam com fome, o passeio havia-lhes aguçado o apetite. A mesa foi posta por Sílvia, que, já desconfiando que elas viriam com fome, havia preparado café, chá, torradas, presunto e queijo.

Alice, quietinha para que não notassem sua presença, estava

de olhos atentos e ouvidos aguçados para tudo o que falavam e descreviam. A criança tinha absorvido tudo o que comentavam. Olhando para ela e de dedo em riste, Bruna falou:

– Filha, não vai falar nada do que comentamos aqui para o seu pai, de acordo?

A menina meneava a cabeça fazendo sinal que sim. Bruna, naquela tarde, estava falante, mais do que o habitual. Sílvia, observadora, estranhava o seu proceder. Bruna viu-lhe a interrogação estampada nos olhos:

– Calma, minha irmã, não estou hipnotizada, muito menos fascinada, como diria Armando, mas feliz, porque encontrei o caminho certo. É provável que agora eu saiba lidar com aquele problema. Falava nas entrelinhas, para não despertar a curiosidade da filha, que não as deixava a sós.

Depois de descansar mais um pouco, dona Esmeralda retornou ao lar, não antes de combinarem a entrevista, para dali a dois dias. Sílvia, desconfiada, perguntou:

– Tudo bem, Bruna?

– Sim, por quê?

– Não sei, saindo às escondidas de Armando, será que isso vai dar certo?

– Não quero perturbá-lo, por enquanto. Quero ter certeza de que estou no caminho certo, depois, sim, vou à luta.

– Nossa! Parece que vai se preparar para uma guerra.

– E não é muito diferente – respondeu –, mas, se tiver de lutar, estarei preparada.

Doutor Patrício

À noitinha, chega Armando carregando, como sempre, sua pasta do escritório. Calmo e descontraído, assobia uma canção popular, coisa que não era comum.

Bruna espia pela janela que dá para a rua, respira fundo e, ao olhá-lo, pensa: "Não vai ter problema, meu marido vem bem".

– Olá – diz ela, colocando seus olhos brilhantes e profundos nos dele, ambos se encontrando e deles saindo faíscas de afeto e amor. Armando toca-lhe o rosto amado, e ela lhe dá um beijo de recepção. – Tudo bem? Como foi hoje no escritório? Muito serviço?

– Ufa! Hoje esteve terrível, mas, assim mesmo, foi um dia especial.

– Hum! Especial? – fala Bruna, aparentando ciúmes. – O que de especial lhe aconteceu?

– Não me olhe com desconfiança. Está insegura? Não tem nada que diga respeito a mulheres.

Bruna, brincando, solta um suspiro de descontração e diz, rindo:

— Ah! Que alívio, graças a Deus, estou salva. Porque se alguém se interessar por você, estou perdida. Quem iria resistir ao seu fascínio? Ao seu poder de persuasão, belo como é?

— Pare, Bruna, pare. Está com ciúme de mim? Pensa que ainda não sou brilhante e encantador com o sexo feminino? Você está me subestimando.

— Estou brincando, desculpe-me, tem todo direito de ficar bravo. Bem, mas vamos ao caso. O que foi que aconteceu de diferente, hoje?

— Simplesmente Murilo, aquele meu colega, lembra? Marcou consulta, sem que eu soubesse, com um psiquiatra que trabalha na linha alternativa, isto é, com terapia de vidas passadas. Pediu licença para o nosso chefe, dizendo que tínhamos urgência em sair, e lá fomos nós para o consultório do doutor Patrício. Eu, sinceramente, estava uma pilha e constrangido, afinal não era para mim que queria a consulta, era – e fala baixinho – para ela... – e indica a filha.

E aí Bruna baixa o tom de voz, dirigindo o marido para o quarto de vestir, onde Armando costumava deixar o paletó e os sapatos ao se preparar para o banho, após chegar a casa. Muito interessada, ajuda-o a tirar a roupa e o interroga:

— Mas então você foi mesmo a esse médico?

— Claro, já estava marcado. Suei muito, criei coragem, deixei tudo por fazer e lá me fui, com o Murilo, em busca de sonhos que eu nem sei o que são.

Bruna, interessada, questiona:

— E o que mais? Deixe de rodeios, está me afligindo.

— Calma, princesa, deixe-me relaxar e tomar o meu banho.

— E eu ainda terei de esperar? Estou ansiosa, posso entrar no banheiro com você?

— Não, claro que não – falou, rindo. – Tenha paciência, não vou me demorar. Mais tarde, estarei à disposição da sua curiosidade.

Sílvia, que não entendia aqueles sussurros, questiona a irmã:

— O que foi? Algum problema? É sério?

Bruna, rindo baixinho, chama a irmã para a sala, longe do banheiro:

— Armando foi ao médico que trabalha com regressão de memória e está fazendo muito suspense, sinal de que está interessado, e eu, para atiçá-lo mais, faço que mal posso esperar.

— Credo, Bruna, você está falando como dona Esmeralda, você nem conhece isso.

— O melhor emprego do verbo seria no pretérito: não conhecia. Agora tenho certeza – fala Bruna. – O passado existe e está arquivado em algum lugar na história cósmica ou dentro de nós, e repito: os espíritos estão nos ajudando. É verdade, Sílvia, eu lhe afirmo, com certeza. Acredite. Sinto em mim a influência deles.

— Hum! – faz a irmã. – Tomara que não esteja enganada, para não se decepcionar mais tarde.

— Desta vez, minha querida, é pra valer, estou no caminho certo.

Enquanto isso, fluidos balsâmicos desciam sobre as duas irmãs, dando-lhes força e confiança. Ângela velava pela família, preparando-a para uma nova era de mudanças, que seria para melhor. Com os bons espíritos velando pela família, os maus não se aproximavam.

Armando, de cabelos molhados, uma toalha nos ombros, vem em busca de Bruna:

– Venha, querida, vamos continuar a nossa conversa.

– E aí? – pergunta ela, interessada.

– Bem, relatei tudo para ele sobre nós. Tomou anotações sobre o que descrevi, deixei uma ficha com nossos dados, e ele me pediu para comparecer lá, inclusive com Alice.

– Mas ela é tão pequena, Armando, será que devemos?

– Não sei, quero combinar com você. De uma coisa estou certo: o médico não é um charlatão, tem diversos diplomas na sala de espera, inclusive cursos feitos em congressos fora do Brasil. Gostei da maneira como me tratou, foi amável e gentil, pouco falou, deixando-me à vontade. Que me diz?

Bruna, envolvida nas emoções das horas que passara no centro espírita, fica indecisa sobre a consulta do marido.

– Bem – diz ela –, não precisamos ir amanhã, não acha?

– Claro, querida, qual a sua opinião?

– Deixe-me pensar mais um pouco, amanhã poderemos voltar ao assunto, porque hoje tivemos muitas emoções.

– Emoções?

– Deixa para lá, mais tarde conversaremos – diz Bruna, com o rosto corado, lembrando a ida ao centro espírita sem o conhecimento do marido.

*****

Mais tarde, já na cama, deitada, de costas para o marido, Bruna meditava. Será que sua filha precisava de um psiquiatra? Não era ela, afora os fenômenos, uma criança saudável? Será que o médico não iria intoxicá-la com medicação hipnótica? Alice tinha apenas cinco anos, era esperta, viva, inteligente, dormia e se alimentava bem.

Enquanto o sono não vinha, remexendo-se na cama, aflita, ruminava como contornar o assunto sem melindrar Armando, justamente agora que ele se interessava pelo psiquismo. Mas regressão de memória era uma coisa que sua intuição de mãe não aceitava para sua filha de tenra idade. Que fosse ela ou o marido, vá lá, mas Alice, terminantemente, não. Acalma-se quando pensa na entrevista que se daria na quinta-feira, na instituição visitada. Lá talvez recebesse alguma sugestão e, de acordo, resolveria a questão, pois confiava nos bons espíritos. E reflete: "Vou pedir conselhos sobre este assunto. Eles poderão me auxiliar". Sente que um doce calor se espalha sobre seu corpo e adormece, serena. Sonha com tia Ângela, que estava muito bem, rejuvenescida, com um costume azul-claro, e lhe dizia em tom fraternal:

– *Minha sobrinha, vim buscá-la, a fim de levá-la à nossa colônia, onde terá a resposta aos seus questionamentos. Onde moro é um lugar lindo e harmonioso, o céu se confunde com a terra verde, os pássaros são mais bonitos, e a natureza em flor sorri o tempo inteiro. Fará comigo uma pequena viagem. Venha, abrace-me, lancemo-nos ao ar.*

Bruna parecia acostumada àquelas viagens, pois naturalmente abraçou-se à tia, e demandaram ao cosmo. Depois de algum tempo, desceram em uma praça encantadora, rodeada por extenso jardim emoldurado por árvores frondosas, entre elas algumas frutíferas, que esparramavam sombra e frutos por toda a área. No centro, um primoroso chafariz espirrava águas coloridas, dando um encanto à paisagem. Em frente, um belo edifício com alguns andares, no qual Ângela convidou a sobrinha para entrarem:

— *Vamos, querida, temos hora marcada, não podemos nos atrasar. Aqui tudo se faz na base da disciplina e da ordem, mas sem rigidez semelhante à da Terra. O tempo urge, já que estamos centrados no horário do mundo.*

À sua entrada, todos a cumprimentaram, dando a entender que era conhecida, pela maneira como a tratavam. Penetrando o recinto, encaminharam-se a uma sala de espera, onde mais pessoas aguardavam. Ângela mostrou um cartão em que havia um horário marcado e logo foi atendida. Conduziram-nas a uma saleta de paredes lisas, de tom reconfortante e de mobília confortável, e um casal as recebeu. Ele, um senhor grisalho de fisionomia jovem; ela, uma senhora de agradável aparência. Bruna tomou conhecimento, mais tarde, que o gabinete onde foram atendidas era encarregado de assuntos de família.

Tia Ângela narrou em detalhes o problema de Alice. Ernesto, o responsável, tomou de uma pasta e examinou o que ela continha. Após alguns minutos, falou:

— *Minhas caras, o grupo em questão comprometeu-se com tarefas bem definidas na Terra, por exemplo: frequentar a casa espírita, prolongamento do nosso mundo invisível no que diz respeito à comunicação conosco. Alice é o ponto de apoio, pertencendo também à nossa colônia desde antes de reencarnar. A menina de hoje foi o espírito de ontem, que se preparou aqui para desenvolver na Terra programas preestabelecidos, laborando em função de si e dos menos favorecidos, em nome de Jesus. É tanto física como mentalmente sadia, com a capacidade extrassensorial de se comunicar com os dois mundos, sem danos para o seu desenvolvimento físico e espiritual. Enquanto vocês esqueceram-se do compromisso, pelas atribulações da matéria, ela trouxe aguçada no seu ser a tarefa a empreender. Mas, como não queremos que a nossa palavra seja a única a valer, vamos submeter você, Bruna, a uma breve regressão, e a querida irmã relembrará os compromissos assumidos.*

Revendo o passado

A atmosfera da sala era agradável, e dois operadores aguardavam Bruna e Ângela. Bruna a tudo assentia com obediência, na certeza de que dali sairia com respostas para sua encarnação atual. Colocaram na sua fronte uma minúscula tiara, que, quando segurada nas mãos, era opaca, mas, colocada na cabeça, automaticamente iluminava-se com cores suaves, por eletromagnetismo. À frente de Bruna, uma tela de tamanho regular também se coloria com elementos da natureza: flores, campinas, árvores, montanhas e riachos. O céu estava límpido, o azul-celeste matizado por penachos de nuvens brancas abrangia a colônia inteira: casas residenciais, praças, ruas, edifícios sóbrios, alguns modernos, outros, tradicionais.

De repente, Bruna dá um longo suspiro:

— Meu Deus, estou lembrando, estou na colônia dirigida por

Maria Magdalena dos Anjos, antiga madre do Convento Sacré-Coeur de Jesus, na França.

À medida que descrevia a cena, aparecia no espaço, acima da cidadela, a figura doce da monja responsável por aquele agrupamento espacial. Lágrimas copiosas corriam pelo rosto de Bruna. Ela recordava, com saudades:

"Quanto tempo!", suspirava. "Foram tempos felizes que passamos aqui, onde o lazer e a descontração se confundiam com os serviços agradáveis. Vivíamos como que transportados para esferas sublimes. Nosso dia a dia era regulado por horários semelhantes aos da Terra. Tínhamos dias, noites e estações, porém eram coroadas por belezas nunca encontradas no planeta, e muitas vezes confundiam-se entre si. Lembro, ah, como lembro... Fazíamos parte de um grande grupo. Quantos! Mas dentro dele nos reuníamos em pequenos grupos, de acordo com as afinidades, tendências e interesses. Armando, eu, Alice e Sílvia éramos inseparáveis, diziam que éramos almas afins. Alice, entre todos nós, era a mais inteligente, a mais conceituada, a mais evoluída. Era, por assim dizer, a líder. Combinamos nascer e viver no mesmo grupo familiar, na mesma cidade. Armando e eu viríamos primeiro, elas chegariam mais tarde. E se, por acaso, esquecêssemos os compromissos, Alice reencarnaria por duas vezes para nos acordar da materialidade que iria sufocar nossos planos."

Enquanto Bruna recordava, a tela se enchia do que ela descrevia. A cada intervalo, ela suspirava e dizia:

– Ah! Que saudades!

E novamente lágrimas perolavam seu rosto bonito.

Em tempos remotos, o grupo havia-se comprometido com o clero. Armando fora franciscano, e Bruna, da Congregação do Coração de Jesus de Madre Magdalena dos Anjos. À época em que vivera, a madre já havia desencarnado anonimamente, mas fizera um trabalho de porte na área da assistência social aos menos favorecidos. Era amada pelos infelizes, pelos desvalidos, pelos pobres e pelos doentes. Administrara a congregação com justiça e amor, distribuindo entre todos, indistintamente, tolerância e misericórdia. Fora testemunha do barbarismo no tempo da Inquisição. Ela corajosamente lutava para resguardar das garras dos inquisidores os que caíam em desgraça com a Igreja. O clero a respeitava pela força e coragem que demonstrava. Ela alojava nos porões da congregação judeus e foragidos de toda ordem, inclusive nobres. E, nas noites escuras, sem estrelas e sem lua, planejava a fuga deles para lugares seguros. Deixou, quando morreu, aos oitenta e nove anos, uma folha de serviços considerável.

*****

A tela escureceu, e as imagens, em vez de coloridas, estavam em preto e branco. A natureza, antes cheia de vida, agora era cinza-chumbo, como nos tempos dos filmes sem colorido. Um castelo medieval se delineou na tela, grandioso, suntuoso, mas de cor cinza e bege. Muralhas muito altas cercavam a propriedade, protegendo pátios, jardins e pomares. À frente, soldados vestidos à moda antiga, com espadas e capacetes, guardavam o condado. Crianças com roupas longas eram cuidadas por pajens também jovens, certamente filhos de vassalos. Entre eles, apareciam Alice, Armando e Bruna.

"Alice", relatava Bruna, "era irmã de Armando; Sílvia era prima, e eu, amiga de todos. Corríamos pelo jardim descontraidamente, esquecendo o mundo lá fora. Eram dias difíceis aqueles, em que a traição e a morte rondavam juntas. O clero tinha interesse em colocar em desgraça, perante o rei, as famílias mais ricas, para tomar-lhes os bens. Nossas famílias não foram exceção: papai, de índole enérgica, não compactuava com todos os excessos da Igreja e buscava os chefes para reclamar. Foi aí que a Inquisição, alegando ser ele devoto das antigas escrituras ligadas ao judaísmo, confiscou nossos bens. Papai e mamãe foram colocados em calabouços e, mais tarde, mortos. Fui enclausurada no convento, forçada a fazer votos, a fim de abocanharem o que me pertencia. A princípio, eu não entendia que Jesus, tão bom e generoso, pudesse aceitar o que eles faziam. O mesmo aconteceu com Armando: assassinaram seus pais e o encaminharam para a abadia, forçando-o também a seguir a vida monástica. Nós dois, revoltados com a situação, não entendíamos aquele proceder. Os desatinos corriam soltos. Alice, por conta do destino, conseguiu abrigo entre seus familiares e, por ser muito pequena, foi dispensada de viver entre freiras. Correram anos cheios de tristeza e solidão. Armando e eu, tomando os votos religiosos, não entendíamos nada de religião, simplesmente seguíamos o rumo administrado pelos poderosos e odiávamos a clausura triste e sombria. Rezávamos automaticamente, e os cânticos religiosos nada tinham a ver conosco.

"Um belo dia, encontrando-nos casualmente, nos olhamos, e nosso coração bateu descompassado. Dali em diante, nunca mais nos apartamos. Inventávamos de tudo para nos encontrarmos e acabamos nos amando. No desatino desse amor proibido, nos entregamos de corpo e alma. Como tinhamos jurado votos de castidade, mesmo sem saber por que, nos sentíamos em pecado contra a ordem de Jesus, esse grande desconhecido para nós; e aí mais nos chafurdávamos em incoerência. Sílvia, que havia se casado com um nobre que mantinha boa relação com os inquisidores, salvou-se, e a herança que herdou também. Alice, por sua vez, com a morte de sua madrinha, ficou com alguma coisa, mas foi prometida a um parente seu, muito mais velho que ela, que parecia mais pai do que pretendente. Naquela época, sua mediunidade de dupla vista e de efeitos físicos florescia, sem que a Igreja tomasse conhecimento. Era religiosa pelo coração e entendia Jesus e Deus sob outro prisma, previa os acontecimentos e, quando orava em seu quarto de dormir, levitava, em êxtase. Seu único pavor era sofrer dor física. Sabendo que os inquisidores colocavam espiões em todos os lugares, guardava para si os fenômenos, escondendo-os de todos.

Tomando conhecimento do amor que eu e Armando sentíamos, arrumou com Sílvia uma maneira de buscar nos acobertar. Sempre que chamava Armando para se confessar, na capela conjugada à sua propriedade, dava um jeito de me mandar buscar, inventando bordados para aprender comigo e depois, claro, doar ao 'Santo Ofício'. Com isso, eu, Sílvia, Alice e Armando nos reuníamos mais uma vez, à sombra da Inquisição, sem que eles tivessem conhecimento do quanto éramos avessos ao seu domínio.

Alice contou-nos o que se passava com ela e nos deu prova do seu poder. Assim, quando nos reuníamos, exercitávamos, juntos, a sua faculdade. Tivemos a comprovação da imortalidade da alma e de que 'ninguém fica ileso dos erros que comete'. Quando recebíamos a visita de espíritos inferiores, era um 'Deus nos acuda'. As cadeiras voavam, as louças quebravam, quando não eram jogadas em nós. À época, Alice tinha poucos criados a seu serviço. Primeiro, porque não poderia custeá-los e, segundo, porque não queria ser espionada por ninguém. Mas os poucos que havia temiam os barulhos que se faziam nas nossas reuniões, que aconteciam de preferência na biblioteca. Certa vez, flagramos Célia, a criada de quarto de Alice, nos espionando. Alice recomendou que ela não comentasse com ninguém e que seria regiamente gratificada. A moça, com os olhos esbugalhados de pavor, assentiu com a cabeça."

A tela continuava preenchida com imagens em preto e branco, pois as emoções daquele momento recordado por Bruna eram envolvidas pelo baixo padrão vibratório. Bruna suspirava a cada intervalo, e sua fisionomia denunciava preocupação e aflição. Tia Ângela, observando-a, perguntou se queria interromper a experiência.

– Não, agora vou até o fim.

E Bruna continuou:

"Enquanto pôde, Alice foi protelando o enlace matrimonial, para desespero de René Dupont, que não via a hora de se 'apossar dela' e do que ela possuía, para aumentar o seu patrimônio. Na época, Alice estava com dezesseis anos e desabrochava para a vida, cheia de ilusões e sonhos. Apesar de não ser uma moça comum, pelos dotes mediúnicos, tinha, como toda jovem, aspirações comuns. Queria amar para casar, constituir família e também, como todas, ser amada.

Na França, pululavam aqui e acolá as falanges do mal, disseminando o terror. Paris era um foco de traição e hipocrisia. A libertinagem de uns privilegiados era acobertada pela ação da Igreja, contanto que seus cofres fossem abarrotados de donativos.

A doce mensagem de Jesus jazia esquecida no fundo do baú das recordações. As indulgências eram vendidas a peso de ouro. E se alguém quisesse se safar de julgamentos injustos teria de contribuir com o 'Santo Ofício' com polpudas cifras. E ai daquele que caísse em desgraça, principalmente se tivesse bens materiais. Tudo era devassado e revertido para a comunidade clerical. O terror na face de todos era a tônica mais comum. A Inquisição, quando convinha, dava crédito até para serviçais que denunciassem os seus patrões. Sílvia e seu consorte, para viver em paz com a Inquisição, não deixavam de cooperar com cifras vultosas, além de gêneros para as cozinhas dos mosteiros.

Sempre que Alice saía do seu habitual, fosse emocionalmente ou por outros motivos, a casa virava um caos. O vento uivava por entre as frestas das grandes janelas, os cristais dos armários estouravam, e os candeeiros apagavam e acendiam durante a noite, sem que ninguém os tocasse. Se estivesse com raiva ou brava, os fenômenos eram aterradores. Mas, se estivesse feliz, alegre e otimista, eram gratificantes. O ar tornava-se aromático e perfumado, uma brisa agradável perpassava por todos os cômodos e, de fundo, se apurássemos os ouvidos, escutaríamos suaves árias celestiais. Alice sabia viver nesse ambiente *sui generis* e via tudo com naturalidade.

Muitas vezes os espíritos se materializavam, e ela conversava com eles como se fosse uma coisa comum; através deles, tomava conhecimento de tudo o que se passava lá fora.

Sua alma afim não havia renascido, mas velava pela vida dela na carne. Alice sonhava com ele em outra dimensão. Em vidas passadas, ele tinha sido um gênio na arte musical e, por incrível que pareça, ensinou-a a tocar instrumentos que ela dizia ter aprendido de ouvido. Fausto era o seu nome. Apresentava-se com roupas principescas, tinha os cabelos à pajem e barba rala bifurcada no queixo, que emoldurava o rosto lindo. Quando ele se despedia, Alice chorava, suplicando para retirá-la do exílio, porque estava cansada de lutar. Mas o espírito superior pedia paciência e resignação, pois faltava pouco para ela se livrar da prova. Alice era impertinente e, apesar do corpo frágil, seu temperamento era forte.

Pela própria sensibilidade mediúnica, Alice era nervosa e, muitas vezes, irritável. Sua tez era viçosa; os olhos, negros, grandes e profundos; e os cabelos escuros davam-lhe um ar pueril, sonhador. Com a mente concentrada em lugares desconhecidos, passava horas a devanear. Afora Armando, Sílvia e eu, ela não tinha amigos e não fazia questão de tê-los, preservando-se dos rufiões da corte, debochados e imorais."

Às voltas com a Inquisição

Bruna continuou vendo as experiências do passado, refletidas na tela:

"O inverno corria, longo; a primavera, tímida, não dava jeito de tomar o seu lugar, e a França era embalada ainda pelos ventos frios e invernais.

Um dia, Alice recebeu uma carta dos padres e, ao ficar sabendo do que eles exigiam dela, mandou-nos chamar, para juntos planejarmos o que fazer.

Preocupados com a carta que havíamos recebido, tratamos logo de conseguir tempo para ir vê-la. Armando, com a desculpa de oficiar missa, eu para ensinar alguma coisa nova a Alice, e Sílvia simplesmente para visitá-la. Quando as carruagens entraram no solar de Alice, tínhamos estampadas no rosto a preocupação e a tensão nervosa, pois sabíamos que o clero não se envolvia onde não tivesse êxito. Logo, para se intrometerem na vida dela, era porque estavam seguros do sucesso. Ao entrarmos na casa, pela porta lateral que dava para o pátio onde as carruagens ficavam, encontramos Alice, com a fisionomia descomposta e o olhar esgazeado de dor. Correu para os nossos braços, aos prantos:

– Estou sem saída, é casar ou morrer, eles não vão esquecer; foram claros, estou em suas mãos – e convulsivamente chorava, até a histeria.

Armando, mais conciliador, abraçou a irmã e a levou para um compartimento discreto, acompanhado por mim e por Sílvia, todos nós inconsoláveis, porque já tínhamos provado juntos a amargura do poder cruel de persuasão. Preparamos uma infusão com ervas calmantes e fizemos Alice tomá-la, enquanto Armando, a um canto, alisando a barba, pensava, planejava.

– Fugir? – dizia. – Está fora de cogitação. Para onde, se a praga da Inquisição está comandando em todo lugar!? E com que dinheiro disponível comprar "silêncio, honra, se os valores estão invertidos"? O bom é ruim, o mal é bom. E, mais, a quem apelar, que tenha realmente credibilidade e honestidade?

A situação era difícil. Alice não queria tomar conhecimento do casamento e não tinha lugar seguro para onde ir. Estávamos sem saída, sem escolha.

Naquela discussão de como, o quê e onde, Sílvia teve a feliz ideia de consultar as vozes ou os espíritos. Quem sabe eles teriam alguma solução para nos dar?

Deitamos Alice em um sofá à romana, fizemos um círculo, demo-nos as mãos e, como de hábito, invocamos os seres espirituais. A princípio, uma ventania desarticulada passava por nossa cabeça, e objetos vinham cair aos nossos pés, enquanto Alice, em transe, ficava imobilizada, e uma palidez marmórea tomava conta de todo o seu corpo ora enrijecido. E uivos horripilantes se ouviam de todos os lados. Armando invocava os espíritos que tinham sido seus pais, mas estes não respondiam nem apareciam, apenas vagas silhuetas horrendas perpassavam entre nós. Fumaças esbranquiçadas saíam do corpo imóvel de Alice, com cheiro acre de enxofre; a fumaça ia até o teto, tomava volume e descia célere, esparramando-se no assoalho, em forma de água viscosa. Armando teve a ideia de orar com fervor, e então o fenômeno se aplacou, e uma suave brisa aromática se fez no ambiente antes perturbado, transformando a fumaça, que ficara escura, em bruma alva. Dela saiu um ser etéreo, que veio sentar-se naturalmente entre nós. Alice suspirava e queixou-se de incômodos, que foram aplacados quando fizemos passes, isto é, movimentos com as mãos. Aí ela se acalmou, tornando a adormecer profundamente, serenando o semblante. Extasiados com o inusitado, ouvimos vozes que antes somente Alice ouvia e vimos coisas que somente ela enxergava, e até podíamos tocar naquele ser de outro mundo.

– *Sou Fausto, tenho com Alice uma estreita amizade, conheço-a há muito tempo e estou aqui para ajudar. Em que posso servi-los?*

Sílvia, que já o conhecia pelo nome, pois Alice sempre se referia a ele, adiantou-se, narrando tudo o que se passava. A figura esguia de Fausto, de pé, no centro do círculo, alterou-se mais quando ele, com a mão na testa buscava concentrar-se, a fim de nos dar um parecer.

– Não quero ser o portador de mensagens funestas, mas a hora é de muito comedimento, nada de precipitação. Mas uma coisa posso lhes adiantar: Alice não casará com René, ela que acate os acontecimentos com paciência. Os tempos na França não são dos melhores, o mal pode se alastrar em todo lugar, mas Deus não dorme na sua administração. Repito: não se precipitem. O mal não dominará o tempo inteiro. Falanges do 'céu' trabalham para dar um fim neste descalabro. Munam-se de fé e esperança, busquem harmonizar-se internamente para superarem a adversidade. Acima do homem perecível está Deus Nosso Senhor, para tomar atitudes necessárias e terminar com os abusos religiosos. Confiem, estamos junto com todos, interferindo no que pode ser mudado.

O quarto mais parecia um conto de fadas. A peça iluminou-se, e miríades de flocos luminosos espargiram-se pelo ambiente, colorindo-o e aromatizando-o."

A tela em que Bruna se fixava, antes escura, manchava-se de tons multicores, dizendo daquele momento ímpar, mágico. E ela continuou seu relato:

"– Diga a Alice – falou Fausto, na despedida – que estarei sempre com ela, e que meu amor ultrapassa os umbrais da morte."

Nós, como que transportados para outras esferas que não a Terra, permanecemos por alguns momentos usufruindo a atmosfera balsâmica que ficara no ambiente.

Bruna suspirava, e a fisionomia bela e jovial registrava a

elevação de que estava possuída naquele momento em que narrava o fenômeno de que fora testemunha ocular. Depois, serenamente, continuou a narrativa, na ilustração da tela.

"Mais serenados, concluímos: se Fausto nos disse para não nos precipitarmos, é porque as providências virão do 'céu', já que estamos impotentes, por ora, para nos manifestarmos. Logo, aguardemos os acontecimentos, comunicando-nos discretamente e nos apoiando."

Uma tragédia

As reminiscências de Bruna continuaram, enquanto a tela exibia as cenas de suas vivências passadas.

"Entardecia, quando, após o chá, nos despedimos, deixando Alice mais conformada. O sol de fim de inverno, na França, era fraco e ofuscado por nuvens espessas. A natureza via o dia desaparecer. O vento tornara-se mais frio e o avermelhado do crepúsculo sumia, deixando a noite reinar.

Os dias corriam tristes e sombrios. A França dos reis e dos nobres estava sob o comando férreo do Santo Ofício. Os dias, antes ensolarados e quentes, tanto física como emocionalmente, tornavam-se escuros e tétricos para todos os que lá viviam, como se a natureza reagisse a tantos desmandos, crimes e abominações.

Armando, de temperamento arredio e solitário, vivia triste

entre os muros do mosteiro, onde o cochicho de tramas e mortes era normal. Amando-me sem reserva, aturdia-se por saber-me fora de seu alcance. Ele, que vivera para casar, ter filhos e uma vida normal, estava encarcerado por imposição dos poderosos.

'Mas que religião é essa', questionava-se, 'que faz os fiéis acreditarem pela força, pela tortura? Onde está o Deus bom e generoso, criador de todas as coisas? E de que serviu Jesus Cristo morrer pregando amor, se agora exigem de nós a fé cega e que fiquemos de braços cruzados assistindo a assassinatos cruéis e dolorosos? E se um dia descobrirem o meu amor por Bruna? Como reagirão?'

Sim, porque seu sentimento não era escabroso nem anormal, como acontecia intramuros, nas dioceses, sabedor que era de incestos e de outras abominações acobertadas pelos maiores, que chafurdavam em ignomínias não relatadas. O seu amor era puro, leal, apesar de ele ser padre, mesmo sem seu próprio consentimento. Tivera de doar seu patrimônio à Igreja, por uma causa nobre, para manter a Casa do Senhor da vida e da morte.

Armando tornara-se ateu, e seu coração abrigava ódios e ressentimentos. Seus sentimentos negativos atraíam, do mundo espiritual, espíritos vingativos que também, como ele, haviam perdido a liberdade e sido executados. A solidão, em estado depressivo, não é uma boa companheira. Armando, deprimido e infeliz pela situação em que se encontrava, planejava a morte deste, a morte daquele, numa loucura paranoica. De inteligência arguta, absorveu-se nos laboratórios clericais e lá conheceu o poder curativo das ervas, como também seu malefício. Manipulava as drogas com maestria, sabia a finalidade de cada uma e, com isso, adquiriu, no mosteiro, uma certa responsabilidade. Tratou bispos, cardeais e até papas, com suas ervas. Curou moribundos, e, com isso, foi penetrando nos intrincados assuntos ligados ao Santo Ofício. Com o seu poder, salvou muitos nobres das garras de seus carrascos clericais, com a desculpa de converter hereges ou judeus à doutrina amorável de Jesus. Matavam, trucidavam em nome do 'Cordeiro de Deus'. Mas, assim como praticou o bem, Armando espalhou em torno de si muitas maldades, como de se vingar do destino padrasto que lhe havia tirado a ilusão de sonhar. Com o tempo, arregimentou muitos companheiros que tinham sido forçados a tomar as vestes clericais e, como ele, fizeram muitos desatinos, pois afinavam-se com sua maneira de pensar e agir. Matou, seviciou, caluniou, usando o mesmo jogo da Inquisição.

E com ele arrastou-me, porque, revoltada, assimilei-lhe as ideias perniciosas. Engravidei por três vezes e por três vezes abortei, com a conivência dele, de Alice e Sílvia, eternas amigas protegendo aquele amor proibido. O noivo de Alice foi assassinado por Armando numa ocasião em que esteve doente, sem grande comprometimento. Padre Armando, com a desculpa de cuidar do próprio cunhado, administrou, aos poucos, um veneno letal, com o qual o coitado foi definhando, até vir a falecer.

Ao fazer o primeiro aborto, minha gravidez já estava avançada em cinco meses e, se as freiras me pegassem, não escaparia da morte certa. Comigo, certamente, iria também Armando, que, apesar de liderar o grupo, um grupo bem razoável, tinha entre o clero os seus contendores, tão criminosos quanto ele, ou até piores. Então, e também nos demais abortos, agimos da seguinte forma: eu tomava um remédio para ter febre e dor no corpo; Armando afirmava que a doença era contagiosa, e as freiras, temendo o contágio, deixavam-me passar temporadas na casa de Alice ou de Sílvia, onde elas me faziam tomar drogas para matar o feto. Embora ambas estivessem constrangidas com a gravidez, não abriram mão de me ajudar, pois me amavam mais do que ao ser que poderia nascer.

Assim, o grupo todo se comprometeu com a Lei de Deus, embora não tivéssemos muita consciência do que estávamos praticando, pois aqueles que deveriam conduzir com misericórdia o rebanho do Cristo agiam com crueldade, ganância e perversidade. Onde, então, nos apoiar, se os nomes de Deus e Jesus eram usados para perpetrar crimes horrendos?

E, então, engravidei pela quarta vez. Cansada de lutar, dessa vez recusei usar drogas para expulsar a criança de dentro de mim. Não ouvi os rogos das amigas, nem dei atenção às argumentações de Armando. Desatinada, eu dizia que queria morrer... morrer... terminar, acabar de uma vez com aquela vida de mentira. Afinal, era mesmo tudo uma farsa. Os chefes da cristandade eram depravados, sem muita moral. Logo, em quem acreditar? Até os fenômenos de Alice eu questionava, seriam verdadeiros ou não passariam de alucinação coletiva, para aplacar a vida triste e reprimida que levávamos?

Logo minha gravidez foi descoberta pelas companheiras. Foi

um Deus nos acuda! Cochichos, maledicências, imprecações. Como contornar o problema? E quem havia feito isso? Nunca me haviam visto relacionando-me com padres que visitavam a congregação. E, quando saía, era por doença ou para ensinar bordado à amiga que tinha consideração entre todos e uma moral ilibada. Então, quem? Fui encarcerada. A degradação era tão grande que se admitia concubinato entre padres e freiras, desde que fosse escondido e que a relação não tivesse fruto – a velha hipocrisia que até hoje assola nosso plano terrestre. Podia, mas tinha de ser escondido."

*****

"Quanta hipocrisia e maldade! Eram mais hereges do que os próprios. O que faz o poder nas mãos dos que não sabem dirigi-lo! Meu Deus! Quantos séculos viveu a humanidade sob a ignomínia dos celerados! Quanto comprometimento teve a Igreja, supostamente dita de Jesus, com a humanidade! Hoje, templos suntuosos, mas terrivelmente vazios, desacreditados de tudo. Amontoaram-se naves e mais naves na Terra, sem deixar a mensagem de amor e justiça de Jesus Cristo, o meigo Rabi da Galileia. Quantos encontros e desencontros, na marcha do progresso espiritual! Lembro das palavras de Jesus, no Evangelho, quando diz: 'É preciso que haja escândalos na Terra, mas ai daquele por quem os escândalos vierem'."

*****

Na tela, os acontecimentos se desenrolam, e Bruna recorda:

"Mas o acontecido chegou aos ouvidos dos cardeais, chefes da Inquisição, que, querendo saber do responsável, me levaram para os calabouços infectos, onde sofri toda a abjeção que se possa imaginar. Passei os últimos meses da gravidez sob as vistas maléficas de padres, que eram mais criaturas bestiais do que realmente representantes de Jesus.

Em uma das sessões de suplício, senti as dores do parto, e os que me torturavam rejubilaram-se com o fato. E, entre si, combinaram, já que eu não queria dizer quem era o autor da minha gravidez, que eu morresse por isso. Levaram-me, quase arrastada, para as câmaras de tortura, ataram-me as mãos e os pés, colocaram-me nas narinas um chumaço de algodão com um líquido anestesiante, e adormeci. Frei Damião, que tinha curiosidade de saber como funcionavam os órgãos reprodutores e como eram as mulheres internamente, tomou de uma faca afiada e abriu-me a barriga, do umbigo até a região do púbis, afastando os músculos da bacia, e foi direto ao útero, cortando na mesma direção. Fazia-o com presteza, trazia consigo a curiosidade científica. Retirou-me o filho que, ao contato com a atmosfera, pôs-se a chorar 'a todo pulmão'. Aquele homem frio e sem moral viveu, naquele momento, sentimentos desconhecidos ante aquele ser desprotegido. Cortou o cordão umbilical. Enrolou-o em toalhas alvas que seu companheiro, chamado Gregório, havia trazido.

— Matemo-lo, sufocando-lhe os gritos, irmão Damião, antes que os outros assistam ao nosso ato. Vamos, não percamos tempo

– dizia, enquanto tentava pegar o recém-nascido.

– Não! – gritou, histérico, frei Damião. – Este viverá, porque assim eu quero. Vamos doá-lo à instituição que abriga órfãos e desvalidos. Hoje mesmo o colocarei à frente do albergue.

Nesse ínterim, eu agonizava com a barriga aberta, esvaindo-me em sangue. Liberta do corpo, em espírito, atormentada, era recebida por mãos caridosas, neste lado da vida. Fausto liderava a equipe, de coração oprimido.

Alice, por suas qualidades extrassensoriais, pela via mediúnica, tomou conhecimento da minha morte. Passando mal, ficou entre a vida e a morte por vários dias, variando, inconsciente, com a mente em desalinho. Sílvia de nada sabia, mas Armando, não podendo me ver, desconfiou e passou a colocar seus comparsas a espionar a comunidade religiosa. Mais tarde, veio a saber do meu fim trágico. Não derramou uma lágrima; sua fisionomia se transmudou, sua face macilenta pela falta de sol tornou-se fria e cruel e, em vez de lamúria, choro, desconsolo, Armando gargalhava, insano, e seu grito de guerra ecoava, sinistro, pelas frestas das janelas, pelo arvoredo, arrepiando todos que o ouviam:

– Malditos... Querem sangue? Pois vão tê-lo fartamente, e com requintes de crueldade – falava. – A lei é do mais forte? Pois que seja! Aguardem-me, eu voltarei, e bem armado. Conhecereis o príncipe das trevas transmudado em horror. Vossas ganâncias não se saciaram com o sangue herege, tinham de se manchar de sangue inocente. Pois eu matarei a vossa fome de cordeiros e os fartarei regiamente!

Os olhos magnéticos, escuros, brilhavam na noite turva da sua dor.

Sílvia mandara um portador buscá-lo. Alice passava mal. De mim, não havia notícias.

Armando não dava conta de seus trabalhos, nas pesquisas. Não dormia, não comia, buscando, cada vez mais, aprofundar-se na alquimia. Emagrecera, mas sua mente, envolvida por pensamentos negativos, alimentava o corpo combalido. Quem o visse, encovado, pardacento e de olhar esgazeado, veria um ser descomunal mancomunado com mil demônios. Os próprios comparsas dele se afastavam, temerosos. Nesse furor maligno, descobriu a forma de manipular o magnetismo, o poder das forças anímicas. Exercitava-as quotidianamente. Chamou os seus companheiros e exibiu-lhes o seu 'poder', naturalmente. Concentrava-se em determinado objeto e o fazia dançar ante os olhos amedrontados de todos. Colocava-se sentado, à forma oriental, e reunia forças em torno de si, levitando no ar. Alguns, mais acovardados, fugiam daquele lugar que cheirava a enxofre e que, se fosse bem observado, era lúgubre e infecto. Aprendeu fazer a liga de estanho e cobre, transformando-os em bronze e, a princípio, pensou ter achado a fórmula do ouro, mas o novo metal foi bem empregado pelo clero. A ganância clerical não tinha medida, perdidos que estavam, de corpo e alma. Acreditavam no presente, sem se importarem com o futuro ou com a morte.

Os espíritos das trevas fizeram residência na cadeira dos cristãos e de lá conduziam seu rebanho, com degradação e bestialidade. A estrela de Israel perdera o rumo; a noite de escuridão, vestida de tule negro, reinava soberana e, se alguma luz viesse à tona, eles tratavam de apagá-la com tortura e aberrações de todos os tipos. O anticristo dominava, arrogante e prepotente, e, sob sua espada, estávamos todos nós, aprendendo sob a mão de ferro, o chicote e a espora".

A cada rememoração, Bruna suspirava fundo e reiniciava. Grossas lágrimas corriam pela face torturada e, do passado arquivado nas brumas do esquecimento, o presente tirava árduas lições. E ela continuava a ver as recordações:

"Estando eu morta e Alice inconsciente, Sílvia vivia entre a dor e a saudade. Perdi contato temporariamente com Armando. Este, após a minha morte, perdeu o gosto pela vida, não mais participando das reuniões na casa de Sílvia e de Alice, que aos poucos voltava à vida. Com a fraqueza orgânica de Alice, os fenômenos psíquicos haviam quase desaparecido, a não ser os ventos e os barulhos na casa; os efeitos físicos gratificantes nunca mais se apresentaram.

O marido de Sílvia, sempre amedrontado com o Santo Ofício, absorvia-se em atender o clero da melhor maneira possível, para não descontentá-lo. As poucas vezes que Sílvia viu Armando, entre uma e outra missa de Ação de Graças – a que o povo era obrigado a assistir e que se não o fizesse era considerado herege – teve um sobressalto. A fisionomia dele era assustadora: nos olhos, embora cadavéricos, crepitava um fogo inapagável de dor e ódio; os dentes, sempre apertados, rilhavam, e os músculos da bochecha pareciam que iam estourar; suas mãos trêmulas estavam sempre agitadas, ora tocando a batina, ora cofiando a barba, movimentando-se desritmadamente. Em uma das missas aproximou-se de Sílvia, na saída da igreja, sussurrando-lhe quase imperceptivelmente aos ouvidos:

— Eles a mataram, Sílvia, assassinaram-na e entregaram nosso filho ao abrigo. Procure adotá-lo, é um menino. Eu não posso visitá-lo, eles me vigiam. Mas você, dama da sociedade, pode vê-lo e retirá-lo de lá. — E suplicante: — Eu lhe peço, em nome de Bruna e em meu próprio. Garanto que não se arrependerá. Sílvia, confio em você.

Tomando-lhe a mão, às escondidas depositou um bilhete dando orientação de como retirar seu filho do orfanato.

Sílvia suava. Chegou a casa retirando a capa de veludo rubi que a protegia do frio e buscou no bolso o bilhete de Armando:

'Seu nome é Henrique, está com um mês e sob os cuidados da irmã Rosália, que está a par de tudo. Minha cara, você tem todas as credenciais para adotá-lo. Rasgue o bilhete depois de lê-lo.'

Aflita, Sílvia pensava:

'Tomar a educação de um órfão para mim!?'

Como reagiria seu marido? Nunca tiveram filhos e, por muito tempo, se desesperaram. Quantas vezes invejara Bruna, que, não podendo tê-los, engravidava sempre, e ela, com todas as condições, não conseguia.

Quando se recolheu ao quarto com o marido, expôs o desejo de adotar um dos órfãos do albergue, ao que ele argumentou:

— É para satisfazer o Santo Ofício?

– Por um lado, sim, menos uma boca para alimentar e, por outro, para atender um pedido especial.

– Querida, desde que não contrarie a Inquisição, tem o meu consentimento.

Sílvia suspirou, aliviada. O primeiro empecilho estava superado. Agora, era falar com as freiras do albergue. No outro dia levantou mais cedo, fora do habitual, mandou preparar a carruagem e, com duas damas de companhia, dirigiu-se para lá. Ao chegar, foi logo atendida pela irmã Rosália, que lhe fez sinal de silêncio, porque os espiões estavam em toda parte. Conduziu-a a um aposento fechado e ambas trocaram confidências. Sílvia ficou estarrecida e amedrontada com o que ouviu da freira. O clero havia passado da medida, e estavam sob o comando de pessoas desequilibradas e perversas, que não mediam as consequências de seus atos tresloucados. E ali mesmo, entre cochichos, resolveram o assunto da adoção. Sussurrando, disse a Sílvia:

– Não é bom que fiquemos muito tempo juntas, para não despertar suspeitas. – E, incentivando-a: – Vá, vá com Deus e que Ele a proteja.

Sílvia retornou ao lar com o coração repleto de alegria. Ia resgatar o meu filho e o criaria com todo amor. A transição da adoção não teve nenhum obstáculo. Sílvia calou o clero, a ouro, para obter o menino. Mas também Armando, na obscuridade, agia para que seu filho tivesse um lar e que este fosse o da amiga.

Alice, estimulada pelos espíritos perturbadores, não aguentou a saudade de Fausto e acabou desencarnando pela via do suicídio. Quanto a Armando, mancomunado com os espíritos vingativos que denominava 'os meus Lucíferes', semeou dor, sofrimento e ódio na confraria interna da sua diocese. Muitos assassinatos foram praticados por sua ordem, como muitos foram por ele induzidos ao suicídio. Até que o descobriram em contradição, e Armando acabou sendo eliminado pelo Santo Ofício, sobrando dessa encarnação apenas Sílvia, para cuidar de Henrique, o meu filho, que, sob os auspícios dos bons espíritos, foi poupado pela Inquisição. O menino nascera sob o alvor da nova era. A Renascença reacendia, nos espíritos e no coração do povo francês, o amor à arte em todos os sentidos. Já na época, a força clerical não tinha tanto poder com a monarquia. Um novo ciclo despontava na Europa, onde os espíritos nasciam para impulsionar o progresso da Terra."

*****

Bruna cumpria, naquela noite, a primeira etapa da regressão de memória. Seu psiquismo tinha revivido a primeira causa do encontro do grupo neste meio de século, reencarnado no Brasil.

A Lei reunia-os novamente, para refazer caminhos, aprendendo na senda da evolução. Bruna, após a reminiscência, olha o gabinete com outros olhos. A atmosfera é diáfana, e suave fragrância paira no ar. Ângela abraça a sobrinha querida:

— *Você está bem? Já passa das cinco horas da manhã. É preciso voltar.*

De retorno ao lar

Bruna, refeita da regressão, questiona a tia:

— Por que só recordei aqueles dias trevosos? Há quantos séculos isso aconteceu? E depois? O que foi que aconteceu? Teríamos de prosseguir. Acredito que tivemos outras existências. Onde elas se deram? Gostaria de relembrá-las. Ah, tia Ângela, como foram tristes aqueles dias de medo e terror! Na regressão, vivi-os intensamente, a ponto de perder a referência com o presente. Mas o Armando que hoje conheço não tem resquício daquele infeliz, ateu, que acreditava profundamente em si e na sua força psíquica. Hoje, a senhora vê, acredita em Deus e não quer nem saber de mexer com as forças desconhecidas, como se as temesse.

— *Você tem razão, ele usou e abusou delas e hoje as teme, pois* somente as empregou em seu próprio benefício e com elas disseminou muito mal. Por isso, a aversão pelos poderes psíquicos que tem.

Amanhece, o Sol, a princípio tímido, espia a terra verdejante, para depois se estender com todo o seu leque de luz e calor. Na casa dos Almeida, a rotina é normal: Sílvia prepara-se para o trabalho, Armando faz a barba no banheiro, e Bruna, ainda de pijama e robe, prepara Alice para o colégio, enquanto, na cozinha, a água ferve para o café da manhã que iniciara. Alice, naquele dia, não está nos seus melhores momentos: resmungona, diz que tivera sonhos ruins. A referência da menina ao sonho acorda em Bruna a lembrança da noite que passara. Foi como se, em segundos, um filme desenrolasse na sua frente, o que havia presenciado em desprendimento. Sobressalta-se. Enquanto penteia os cabelos encaracolados da filha, fala:

— Meu Deus! O sonho, tia Ângela, a cidade espiritual!

— O que foi, mamãe, a senhora também sonhou coisa ruim?

— Querida, o que uma criança da sua idade vai sonhar de ruim?

— Ah! Sonhei com um homem de preto... Ele era comprido, tinha um capuz que tapava a cabeça; na mão trazia um rosário igual ao da vovó e, também, no pulso, uma chibata. Eu corri, corri, até que cheguei a casa. Tia Sílvia abriu a porta bem na hora que iam me agarrar, pois notei que eram muitos. Acho que estavam bravos e iam me bater.

Quando Alice se refere às figuras dantescas, Bruna lembra-se dos padres, das torturas e de como eles a haviam executado. Dores abdominais com cólicas espasmódicas agem sobre seu corpo.

Ela interrompe o que faz para ir ao banheiro. Sente-se também nauseada, e o seu estômago parece desprender-se do corpo. A criança a vê passando mal e chama Armando:

— Papai, papai, vem, mamãe não está bem.

Armando, que estava vestindo o paletó, acorre e bate à porta do banheiro:

— Bruna! Bruna... Tudo bem aí? Vamos, abra a porta...

Bruna, ainda sob o efeito da recordação, sente, no presente, o barbarismo que haviam feito com ela. "Sei lá há quantos séculos se passaram esses episódios!" – questiona-se. Fricciona álcool nos braços, nos pulsos, faz respiração cadenciada e lembra-se de orar, e assim consegue acalmar-se. Ao abrir a porta do banheiro, lá estão Alice e Armando, de fisionomia alterada.

— O que foi, querida? Alice disse que você passou mal...

Ela, abrindo os braços, aconchega-se nele, como para aliviar a dor de que fora acometida. Alice também abraça suas pernas, como se quisesse também protegê-la da coisa ruim, segundo expressão dela.

— Mamãe... A senhora se assustou com o meu sonho ruim? Não se preocupe, pois tia Sílvia me salvou dos homens encapuzados... Me pegou no colo e fechou a porta.

— *Tá* bem, querida, vá terminar de se arrumar. Mamãe está bem, já passou o mal-estar.

Como é da natureza da criança, Alice sai correndo, sem mais lembrar o ocorrido. Armando, vendo-a ainda pálida e tremendo, fica apreensivo:

– Mas, afinal, o que se passou? Continua pálida. Não será labirintite? Os sintomas são parecidos...

– Nada disso, querido. Alice estava chorosa, me disse que teve um sonho ruim, e, quando começou a relatar, eu também tive a recordação de um sonho, que a princípio foi bom e se tornou ruim. Quando a menina fez referência a homens de capuz, comecei a ter tonturas e dores abdominais.

– Nossa, querida! Você está impressionada demais. Afinal, sonho é sonho, criação da mente e, segundo a ciência, eles não levam mais de dois minutos para se formarem no cérebro. Não leve muito a sério. Venha, vamos tomar o café. – E caçoando dela: – O seu mal é falta de alimento.

Bruna coa o café, e a copa enche-se do aroma gostoso; prepara algumas torradas, ovos mexidos e senta-se à mesa para o desjejum. O dia está lindo, contrastando com o sonho em preto e branco. O ar, embalsamado de aromas mil, encanta o ambiente. Suas violetas, nas floreiras das janelas que davam para o pátio, estão cobertas de flores lilases, rosa, azuis e brancas. É um festival colorido. As samambaias verdejantes e lustrosas emolduram o interior da casa. Bruna, passando os olhos nelas, toma fôlego e diz a si mesma:

– Tudo está bem... – E repete: – Tudo está bem...

Armando, vendo-a murmurar, pergunta:

– O que foi que disse? Está falando comigo?

– Não, não... Estava apreciando minhas violetas. Viu como estão lindas?

Ele, passando os olhos por elas, concorda:

— De fato, estão belas. Mérito seu, que as trata com carinho. Plantas são como gente: bem tratadas, ficam viçosas; e nós, pançudos... – ri, fazendo referência à sua pequena barriga. – Desse jeito, pego peso, e os verdes, beleza. Assim não vale, quero também ficar bonito... – brinca.

Após o café, Armando pega a pasta e a filha, desce a escadaria, tira o carro da garagem e, bem-humorado, segue para o centro da cidade. Antes, porém, aprecia o pé de acácia em flor, que ele havia plantado na frente da casa, à beira da calçada.

Dona Esmeralda, que se comunicara com Ângela, foi, a pedido desta, conversar com Bruna, que tratava de colocar a cozinha em ordem, preparando-se para fazer o almoço. Foi com satisfação que recebeu a amiga.

— Ah, dona Esmeralda, a senhora veio bem na hora certa, pois tenho novidades. Vamos, entre, estou arrumando a cozinha, mas a senhora não me atrapalha.

Sentam-se por alguns instantes enquanto, no fogão, as panelas fumegam. Bruna relata o que se tinha passado à noite e até o incidente com Alice, que se queixara do sonho ruim. A amiga, familiarizada com o fenômeno, ouve com paciência. E, ante a interrogação de Bruna, esclarece:

— Você fez uma regressão. Penetrou seus arquivos mentais e de lá trouxe a informação de uma de suas existências passadas, que, de alguma forma, deve estar ligada com esta. Vim justamente a pedido de Ângela, para lhe informar que o que vivenciou não é produto de sua mente nem sonho orgânico[3]. Realmente, vivenciou o passado, que se perde nas brumas do tempo.

— Ah! — exclama Bruna. — Eu já imaginava. Em *O Livro dos Espíritos*, na lição "Emancipação da alma", Allan Kardec pergunta aos espíritos sobre sono e sonhos, e eles respondem que, durante o sono, os laços que prendem o espírito à matéria relaxam, e o espírito percorre o espaço, entrando em comunicação com outros. É pelo sonho que temos o conhecimento do passado e entramos em comunicação com os espíritos, seja neste mundo ou no outro. Sabe, dona Esmeralda, ao acordar, meio zonza, senti alguém, não sei de onde, a me dizer: "*leia* O Livro dos Espíritos". Foi tão nítido, que pensei mesmo estar acompanhada.

— Lógico, minha amiga, era sua tia. Certamente foi ela que lhe deu oportunidade de você ir ao passado. E seu sonho ficou bem gravado. É sinal que deve tirar lições dele.

— Ah, minha amiga — diz Bruna —, mas eu queria mesmo era que Armando sonhasse, e não eu, que estou plenamente de acordo com o Espiritismo. Hoje sei que os mortos vivem, e que temos muitas existências sucessivas. Quanto a Armando, cabeçudo e preconceituoso como é, não sei se vai aprovar que eu frequente a casa espírita. Sinto que vou ter muita luta pela frente, e o pior é que ele precisa tanto quanto eu de esclarecimento. Armando tem, muitas vezes, pesadelos horríveis; acorda suando e aos gritos. Levo um bom tempo para fazê-lo voltar a si. Fala coisas desconexas, e seu olhar esgazeado olha o nada. Nunca contei a ninguém, para

---

3 *O Livro dos Espíritos*, segunda parte, capítulo 8.

preservar a imagem de meu marido, que amo muito. Mas com a senhora é diferente, saberá nos compreender e, quem sabe, nos ajudar.

– Olha, amiga – diz dona Esmeralda –, nossa doutrina é de exposição, e nunca de imposição. Seu Armando tem de aceitá-la por si mesmo, não podemos forçá-lo a nada. Religião é de foro íntimo, razão e coração precisam assimilá-la. Mas não percamos as esperanças, aguardemos os acontecimentos. Enquanto isso, colocarei o nome de vocês em nossas orações. – E arremata: – "A pressa é inimiga da perfeição". Bem, o tempo passa, e eu, tanto como você, preciso tomar conta da casa. Graças a Deus que tenho uma ótima auxiliar, por isso tive disponibilidade de tempo para vir aqui, mas não quero atrapalhar mais.

Levanta, abraça Bruna e se despede, deixando-a com o coração transbordando de alegria, pois os argumentos dela tinham vindo ao encontro do que pensava.

Reencarnação

Enquanto prepara a mesa para a refeição, o pensamento de Bruna busca na memória as imagens claras daqueles tempos que o pó havia destruído e vê, na tela mental, desfilarem: Armando vestido de padre; ela, de freira; Alice, com seus fenômenos e Sílvia com todos.

"Meu Deus!", medita. "Que mistério é a nossa vida! Inquisição? Há quantos séculos aconteceu! França, castelo, carruagem. Tudo como nos filmes antigos. E aquele parto infeliz? Foi tão real que, ao me recordar, de manhã, senti nas entranhas dores lancinantes. Há quanto tempo estou ligada a Armando?! Quantos candidatos dispensei por causa dele... Seu modo de me encarar sempre me foi familiar, era como se estivéssemos retomando antigo convívio. Amei-o desde sempre e nunca duvidei de que iríamos nos ligar pelo matrimônio. Já estava escrito nas estrelas, e, dentro de mim, eu sentia isso. Minha Alice, a mesma Luciene, nasceu em nosso lar. E não é por acaso que Sílvia veio morar conosco. Ela poderia ter ficado com o meu outro irmão, mas foi a mim que escolheu. Esta doutrina veio ao encontro do meu livre pensamento, sem pecados, sem atavismo, apenas nos responsabilizando pelas nossas ações, por meio do nosso livre-arbítrio. Ah, meu Deus! Preciso trabalhar Armando, preparando-o para uma vida sem preconceitos religiosos, a fim de que tenha, no hoje, uma visão mais abrangente da vida de ontem, com perspectivas para o amanhã."

Ela estava tão absorvida nos seus pensamentos que nem notou que Sílvia, pelas costas, a abraçou.

— No mundo da lua, maninha? Em que estava pensando, tão distante do nosso mundo?

Bruna levanta e abraça forte a irmã, beijando-lhe a face.

— Sabe, querida, que nós já vivemos juntas em outras existências? Esta noite, tive o privilégio de conhecer uma delas, da qual você também fazia parte. Éramos muito, mas muito amigas, mesmo.

— De novo a doutrina da reencarnação — fala Sílvia. — Você não acha isso muito fatalista? Pagar numa vida o que fizemos na outra, sem nos lembrarmos?

— Como você sabe disso?

— Andei folheando seus livros espíritas, que esconde de Armando, lá naquele armário em que ninguém mexe.

— E quem autorizou você a mexer neles?

Sílvia, rindo muito, respondeu:

– A curiosidade, cara irmã, a curiosidade.

Bruna, que havia ficado séria, acaba cedendo, e ambas riem.

– Que fique entre nós, Sílvia. Armando não está preparado para lê-los, ainda.

– Certo, Bruna, certo.

Torcendo os dedos em sinal de juramento, pega uma rodela de tomate, uma fatia de pão e sai da cozinha, sob os protestos de Bruna:

– No almoço você não vai ter fome.

Passava das doze horas, quando o carro de Armando estaciona na calçada e dele salta Alice, subindo correndo a escada de madeira e gritando pela mãe. O riso da filha e sua tagarelice enchem a casa de risos e alegria. Bruna, limpando as mãos molhadas no avental xadrez, acorre à entrada da porta para receber a filha querida. Atrás vem Armando, como sempre, carregando a pasta e o jornal do dia.

– Mamãe, mamãe – grita Alice –, tenho novidades.

– O que foi, minha filha? Você está alvoroçada. O que aconteceu de importante?

– A senhora lembra que aprendi na escola o la, le, li, lo, lu?

– Sim...

– E o ba, be, bi, bo, bu?

– Sim, querida, claro, filha, mas o que aconteceu, afinal?

– Papai me mandou pegar o jornal, quando me buscou da escola, e comecei a folhear. Ah!... Mamãezinha! Surpresa... surpresa! Eu aprendi a ler.

Bruna, também fazendo uma exclamação, como se estivesse alarmada, toma a filha miúda no colo e a beija várias vezes.

– Então a minha menina está ficando uma mocinha, já sabe ler?

– Mamãe, não caçoe de mim, pergunte ao papai!

Armando olha Bruna com certa reserva e, ao questionamento sobre a filha, meneia a cabeça:

– Hoje Alice me surpreendeu, pois não é que ela foi juntar as sílabas que aprendeu no jardim e acabou lendo várias frases de letras graúdas, do jornal? Imagine que com sílabas que não conhecia, ela, intuitivamente, completava e formava as palavras.

Alice, não dando mais importância ao fato, sai correndo para ver o gato e o cão, o Duque e a Mimosa, alimentando-os com leite, pão.

Armando, cochichando com a mulher, fala, admirado:

– Para mim, foi inusitado. Alice parecia gente grande. Começou a se interessar pelas letras grandes da manchete e leu quase todas. Mais um pouco e estará alfabetizada. Mas não vamos forçar nada, já que ela tem a sensibilidade um pouco alterada, vamos deixá-la à vontade.

Bruna, exacerbada, fala firme com o marido:

– Coloque na sua cabeça dura: Alice não é doente nem neurótica. Ela é uma criança – para a sua idade – madura; sua inteligência é brilhante e tem compreensão de gente grande.

Armando, tentando contemporizar, abaixa a voz:

– *Tá* certo, concordo com você, não vamos brigar por isso. Estou morto de fome, e o cheiro que vem da cozinha me abre mais o apetite. O que temos para hoje?

E assim falando beija-a, fazendo-lhe carinho. Bruna não

aguenta e cede aos seus afagos:

— Temos refogado de berinjela, panqueca, arroz e carne frita.

— Oba! Minha comida preferida. Por quê? Estamos comemorando algo? Ou você quer me pedir alguma coisa? Vamos, não se acanhe, peça, se estiver dentro das minhas possibilidades, lhe darei.

— O que é isso, "maridinho"? Eu sou lá de fazer a comida de que você gosta para lhe pedir alguma coisa? Fiz porque queria fazê-lo feliz, só isso.

— Ah! – diz ele, rindo. – Então estou merecendo...

— Claro, você sempre merece.

— *Tá* bem... Deixe-me lavar as mãos e logo sento à mesa.

— Alice! Alice. Vamos, filha, vá lavar as mãos, depois de mexer nesses bichos.

A menina sobe os dois lances da escada que dão para o pátio, rindo, feliz, e dirige-se ao banheiro para lavar as mãos. Todos sentam à mesa, com o apetite aguçado pelo cheiro gostoso da comida.

— Mamãe, posso dizer para a professora que já sei ler?

— Claro, querida... por que não?

— Ora, porque a senhora não gosta que eu diga que fui Luciene.

— Uma coisa nada tem a ver com a outra...

— Tem sim, porque os meus colegas não sabem ler, e eu já sei, e eu leio jornal – pronunciava destacando bem as sílabas.

— Ah, filha, não me aborreça, ler é comum. Mais dias, menos dias, todos os seus amigos acabarão lendo...

— Mas se eu disser que fui Luciene não é comum, não é?

— Querida — fala Armando, conciliador —, vamos mudar de assunto e comer em paz.

— Quero mais panqueca, só vou comer panqueca. Posso, mamãe?

— Mas berinjela tem muitas vitaminas, não quer tentar comer um pouco?

— Não gosto, argh! — E fazendo careta: — É ruim...

— *Tá* bem... Coma o que lhe agrade, mas depois terá de tomar o suco, de acordo?

— Sim.

O almoço era o momento de encontro dos familiares. Armando, olhando a esposa, diz à queima-roupa:

— Hoje tenho hora marcada com o médico. Farei uma ficha, tipo uma biografia, minha e de vocês duas. O mais interessante é que estou recuando, tenho um certo medo. Este médico vai vasculhar o meu psiquismo, será que isso é bom? Afinal, sinto-me saudável. Por que mexer no que está quieto?

Alice, esperta, fala naturalmente:

— Papai, o senhor vai ao médico de cabeça, está doente dela?

— Arre... Não se pode falar nada perto dessa menina. É esperta demais, fala demais, pergunta demais. Alice, a conversa ainda não chegou aí. Não interfira, fique quietinha, no seu lugar. Vamos, obedeça.

— *Tá* bem... *Tá* bem... Sua Alice não vai falar mais. — E, fazendo beicinho, se aquieta.

Bruna interfere:

— Depois conversaremos sobre este seu encontro especial.

Alice abre a boca para dizer alguma coisa, mas Armando se apressa, colocando-lhe os dedos sobre os lábios, em sinal de silêncio:

– Não, não fale, o assunto acabou aqui. Vamos, querida, almoce em silêncio, para ter boa digestão.

Armando, após a refeição, pega o jornal e liga a televisão, para não perder o noticiário nacional. Enquanto lê o jornal, presta atenção nas notícias.

Bruna coa um cafezinho muito ao gosto do marido. Sílvia, alegre, cochicha aos ouvidos da irmã:

– Não vai falar dos livros?

– Psiu! Não comece, isso é assunto para bem mais tarde. Vamos ver como vai se dar a consulta.

Sílvia sai de mansinho, rindo do que havia aprontado com a irmã, só para chateá-la.

Armando, que não perdia nada – era de sua índole participar de tudo – fala, lá da poltrona:

– O que há aí? Olha os cochichos... Quem cochicha...

E as duas, ao mesmo tempo:

– ...o rabo espicha.

Todos acabam rindo muito. O ambiente é harmônico, agradável, equilibrado. Há no ar uma atmosfera de cumplicidade.

Sílvia e Armando trabalham fora; ela, em desenhos técnicos e ele, na contabilidade de uma empresa. Bruna cuida da casa, e Alice estuda. Mas geralmente o ambiente é assim, e naquele dia parecia que estavam mais unidos por laços invisíveis da antiga amizade que se perde no tempo. Bruna dá-se conta disso, recordando o sonho que tivera. Dava a entender que estavam, como no passado, juntos, para algum entendimento que ela não saberia precisar. O grupo está reunido novamente, só que agora todos na mesma casa, mas os sentimentos que guardam em si, no hoje, são os mesmos de antes: amizade, ternura e solidariedade falam bem alto entre eles.

Depois que todos saem, inclusive Alice, que tem aula de balé, Bruna dá um jeito na casa, toma banho e se prepara para a entrevista na casa espírita. Está ansiosa, excitada e se pergunta: "Como será? O que irá acontecer?". Mil pensamentos passam por sua mente. Havia simpatizado com o ambiente, com o grupo que dirigia as tarefas. "Passarei na casa de dona Esmeralda, que está me esperando."

Entrevista na casa espírita

Eram quase quinze horas quando entraram no local da casa espírita. Sentaram no salão e perceberam que uma música suave saturava o ambiente de harmonia e serenidade, dando a entender que os trabalhadores, tanto os espirituais como os do plano físico, tinham interesse em deixar os assistentes à vontade e descontraídos. Passados alguns minutos, Bruna foi chamada a um compartimento onde aconteciam as entrevistas. Uma gentil senhora, talvez da mesma idade dela, recebe-a à porta com sorriso encantador, apertando-lhe a mão com alegria, infundindo-lhe confiança e serenidade. Em uma ficha, anota seu nome, data de nascimento, estado civil, número de filhos – isso apenas como referência para depois entrarem no assunto de seu interesse. Informa-a dos dias e horário de funcionamento da casa e o que se desenvolve na semana.

Depois, deixa-a à vontade para questionar e dizer qual o motivo de ela buscar a sociedade espírita.

Bruna suspira fundo e relata o motivo do interesse pela doutrina. Fala sobre o primeiro parto, depois sobre o segundo, a relação de Alice com a primeira filha, a identidade confundida de Alice, a doença das duas meninas, os sonhos dela e de Armando e as visões de Alice. E diz:

— Antes de conhecer o Espiritismo, eu vivia temerosa, amedrontada, com receio de perder a segunda filha. Mas depois da conferência do espiritista, a que assisti, de ler O *Livro dos Espíritos* e de frequentar esta casa, fiquei mais tranquila e tive certeza de que Alice é uma criança saudável e normal.

Bruna omite o sonho da noite anterior. Teria vontade que a interlocutora pudesse esclarecê-la, mas cala-se, com medo de que ela a ache fantasiosa, fenomênica.

"A entrevistadora não me conhece, nem o meu caráter, o melhor é não dizer nada, mas a conversa foi de grande valia", pensa Bruna.

É estimulada a continuar lendo O *Livro dos Espíritos* e O *Evangelho Segundo o Espiritismo* e a frequentar por algum tempo as sessões públicas, principalmente as de estudo da doutrina e, como higienização, utilizar o passe.

"Quem sabe se realmente adotando a doutrina não me encaminhariam, mais tarde, para as aulas de estudo."

Continua a entrevistadora:

— Quanto à sua filha, estamos diante de um caso de reencarnação. Há muitos livros enfocando esse tema. Nossa livraria deve ter alguns deles. Se não puder adquirir, colocamos à disposição a nossa biblioteca. Sobre seu marido ser avesso à nossa doutrina, aguarde que o tempo o amadureça, mas faça, de vez em quando, com que ele observe os livros que você lê e os coloque à vista, como quem não quer nada. Vou colocar o nome de vocês para as irradiações de terças à noite. O grupo socorrista da casa auxilia aqueles por quem rogamos em nossas orações. Sugerimos que continue observando a menina e vá anotando o que vê. Mais tarde, se for possível, traga-a à casa para o passe e a doutrina, a fim de absorver fluidos vitais e, ao mesmo tempo, alimentar-se com assuntos que sustentem a sua psique. Não esqueça, estaremos sempre à sua disposição. Bem, damos por encerrada a nossa entrevista.

Bruna sai da sala mais aliviada, absorvendo ainda a atmosfera balsamizante. Sente, pela acuidade espiritual, que almas benfazejas estão interessadas no seu caso e, de uma maneira que não saberia explicar, pressente que elas a incentivam.

Dona Esmeralda a aguardava na saída, conversando com os trabalhadores da casa. Quando se encontram, ela pergunta:

– Então, amiga, satisfeita?

Bruna responde:

– Muito... Cada dia eu gosto mais da sua doutrina que, agora... parece que será minha. Mas vamos, no caminho relatarei o que conversamos.

Tomam o ônibus da Candelária, sentam no primeiro banco e ficam tão entretidas que nem veem o tempo passar. Quando se dão conta, estão na parada em que devem descer. Dessa vez foi dona Esmeralda que levou Bruna à sua casa para lanchar, e lá estava o bolo de fubá à espera delas, feito pela sua eficiente auxiliar. Lancharam, conversaram, e o assunto não se esgotava. Ao voltar para casa, o coração de Bruna estava cheio de esperança e reconfortado.

Sílvia já tinha chegado, Alice também. Sua irmã estava às voltas com banho de creme no cabelo; a filha, envolvida com os animais de estimação. Armando sempre chegava mais tarde, quase na hora do jantar. Ele dizia que alguns extras ajudavam na economia familiar. Sílvia, encarando, brejeira, a irmã, lhe diz se antecipando:

– Já sei, você foi à casa espírita, e, pelo jeito, pela fisionomia, foi tudo bem.

Bruna sorri, feliz:

– Não caçoe de mim, pois, mais breve do que supõe, estará lá, junto comigo, eu sinto isso. Não somos amigas? Então?... No lugar em que vou fico bem feliz, há uma atmosfera que não sei precisar, que me deixa em um estado de alma nunca antes sentido. Eu gostaria que você, minha irmã, participasse comigo desse sentimento de bem-estar.

– Está bem – diz Sílvia, com a toalha enrolada no cabelo. – Um dia vou com você para tirar isso a limpo.

– Mas para você ir, deve se despir de todo preconceito e manter o espírito aberto, a fim de absorver o ambiente de paz e harmonia que lá existe.

Lembranças do passado

Passaram-se muitos dias, sem novidades. A família Almeida vivia entretida com trabalho, casa e escola de Alice. Bruna não se decidira a contar a Armando que frequentava a instituição, mas via que ele estava mais acessível às coisas espirituais, às vezes até comentava sem ironia. Continuava com as suas sessões de TVP e parecia interessar-se pelo assunto, apenas não comentava, mas, em sua atitude, alguma coisa inusitada estava acontecendo. Muitas vezes, quando retornava do consultório médico, vinha triste, cabisbaixo e desanimado. Como ele não comentava nada, sua mulher respeitava seu silêncio.

Passam-se mais de seis meses, e Bruna continua religiosamente frequentando, à tarde, a sociedade espírita. Ainda não havia se animado a levar Alice, que, muito esperta e tagarela, acabaria contando ao pai onde estivera. Sílvia, menos descrente, até se arvorava a perguntar, com interesse, o que Bruna ouvia na doutrina. Muitas vezes a irmã a via folheando com interesse *O Livro dos Espíritos*, mas nada comentava, sinal de que estava aceitando a doutrina dos espíritos.

Certo dia, ao fazerem faxina na casa, após a festa de aniversário de Alice, Armando questiona a mulher:

— Bruna, você não acha que está na hora de termos mais um filho? E que seja do sexo masculino.

Bruna tem um sobressalto. Sua menstruação estava atrasada, mas achava que as suspeitas eram infundadas.

— Cruzes! Isso é hora de se pensar em um novo filho? Depois de toda a trabalheira que tivemos com o aniversário da Alice?

— Mas, querida... Um menino iria coroar nossa felicidade. Você não acha? Estou lhe falando porque, na noite passada, sonhei com um menino de cabelos escuros e olhos lindos, castanhos.

— Diga-me, querido, será que em nossas finanças caberia mais um filho?

— Claro... É compatível mais uma criança em casa. Eu me encarrego de aumentar meu salário. Vou muito bem na firma, e anda um zunzunzum de que vou ocupar um cargo diretivo no meu setor, com a aposentadoria de um antigo funcionário.

Bruna larga a vassoura com que tentava limpar o carpete e se joga no colo do marido.

— Verdade, Armando? Por que não me disse? É um bom dinheiro? Poderíamos aumentar a casa, trocar o carro, substituir alguns móveis.

– Mais calma, Bruna, olhe para mim. Acaso ganhei na loteria? Escute, só vou ter um aumento, que logicamente não dá para tudo isso. Com o tempo, quem sabe, pode até dar, mas não precisamos fazer tudo de uma só vez. Mas concordo com mais um quarto para o próximo filho. Estou com um pressentimento de que ele está por chegar. Estou certo ou errado?

Bruna encosta a cabeça no ombro do marido, corada:

– Não, você está certo. Acho que vamos ter mais um bebê.

– Verdade? – fala Armando, entusiasmado.

– Não... Ainda não é certo, mas amanhã vou ao ginecologista para fazer os exames.

– Você sabe que tenho cismas com esses sonhos. O psiquiatra disse que pode ser uma premonição, daí a minha insistência. Vamos terminar a limpeza, pois, no quarto, lhe falarei alguma coisa a respeito do médico. Vamos, vamos nos apressar.

Sílvia, que via e ouvia aquela conversa amorosa, considerou:

– Hum... beijinhos, abraços. Pobre Alice, vai ficar para segundo plano. Mas concordo com vocês, está na hora de colocarmos mais risos nesta casa. – E completa: – E muitas fraldas para serem lavadas.

Todos riem com o arremate de Sílvia.

Depois de deixar a casa em ordem, tomam uma chuveirada, para deitar exalando fragrância de lavanda do sabonete usado. Bruna arruma o travesseiro e a camisola lilás muito ao gosto do marido e fala, num sussurro:

– Estou pronta para ouvi-lo, o que tem para me contar? Armando, que também se cansara da arrumação da bagunça do aniversário, acaba desistindo da conversa que teria com sua mulher.

– Bruna, querida, perdoe-me, estou pregado, vou dormir – diz ele, sonolento.

Enquanto o marido ressona profundamente, ela se revira na cama, com mil pensamentos. Lembra-se do sonho que tivera e que, segundo a entrevistadora da casa espírita, poderia ser reminiscência do passado longínquo, e à sua mente vem o nome de René Dupont, cuja morte ela e o marido, junto com Alice e Sílvia, haviam acelerado com o homicídio. Seu corpo todo se arrepia, e emoções contraditórias movem-se na sua casa mental.

"Meu Deus!" – exclama para si mesma. – "Será que tivemos a capacidade de realizar ato tão nefasto? Nós, que hoje não mataríamos nem um passarinho e que somos, por índole, pacíficos?"

Nova reencarnação

Uma dormência leve apossa-se do corpo de Bruna, enquanto em sua mente os pensamentos fervilham. Finalmente adormece e com facilidade desdobra-se, enquanto seu corpo carnal descansa. A primeira pessoa que enxerga é tia Ângela, que, com os braços abertos, acolhe-a.

–Tia, tia querida! Agora mesmo estava relembrando o que vivi em épocas distantes, e a minha consciência repeliu aqueles atos criminosos. Como pudemos nos envolver em semelhantes acontecimentos? Onde nosso desatino nos levou?

– *Calma, querida, seu grupo resgatou com muito sangue e lágrimas os atos impensados. Não que Deus os tenha castigado, mas porque somos donos de nossos atos e, para onde vamos, levamos conosco as consequências boas ou más deles. Resgatar não significa atraso,* desonra; ao contrário, nós nos educamos, aumentando o saldo positivo na nossa bagagem eterna. A cada ressarcimento, alcançamos mais um grau na evolução. Conquistamos nos conquistando, consequentemente nos liberando do ontem mal resolvido.

– Ah, minha querida tia! Como são esclarecedoras e consoladoras suas palavras sábias.

– *Querida, não é sabedoria de livros, que é claro é boa, mas de séculos de experiência. Somos hoje o resultado de ontem, seremos amanhã o que vivenciarmos hoje. Em última instância, somos produtos de nós mesmos, consequências de nosso livre-arbítrio. A Lei de Deus é inexorável, mas também de justiça e misericórdia.*

– Por que justamente hoje lembrei de René Dupont, que executamos fazendo ingerir veneno?

– *Querida, a Lei de Deus é magnânima, nos alcança como infratores em qualquer tempo, em qualquer lugar. Para completar o seu clã, faltava ele, que também teve sua cota de participação naquele drama, pois queria ter Alice a qualquer preço, pelo aliciamento, pela força, sem tomar conhecimento dos sentimentos dela. E, hoje, pelas via da reencarnação, retorna ao palco da vida para mais uma experiência, cuja oportunidade você e Armando propiciaram.*

– Como? Eu? Armando? Não entendo! – Ao mesmo tempo que questiona, vem-lhe à mente a gravidez. – Tia, estou grávida! E é ele que vem por mim?

Ângela meneia a cabeça, confirmando.

– *Nos três séculos que antecederam o século 20, vocês tiveram alguns encontros, mas quase todos malogrados. Mas, quem sabe...*

Fortalecidos, as chances de vencerem são bem maiores. René já está em fase de reencarnação, e lhe digo, com aceitação de todos, pois, antes de voltarem à Terra, vocês se programaram para terem, enfim, um encontro, ajudando-o a superar-se na sua deficiência. Mas o tempo urge, voltemos à sala de regressão, precisamos viajar por outros tempos, a fim de que aceite com mais interesse a vinda do caro René Dupont.

A situação foi a mesma: o prédio de alguns andares, pessoas aguardando na sala de espera, o casal simpático recebendo-as com carinho, enfim, o gabinete da experiência. Desta vez, quem a atendeu foi uma senhora simpática que respondia pelo nome de Mariane e que, apesar de aparentar presumíveis quarenta anos, tinha a fisionomia jovial, de uma alegria contagiante. Abraçou Ângela com intimidade e apertou a mão de Bruna fraternalmente.

– Querida – diz, com carinho –, *você está pronta para a experiência? Soube, pelo colega que a atendeu, que você reagiu bem à regressão.*

Bruna, automaticamente, responde sem vacilar, como se aquilo já estivesse programado:

– Sim, estou pronta, aceito.

Em seguida, Bruna senta-se em uma poltrona confortável, e tia Ângela coloca-lhe uma tiara brilhante na cabeça, dando-lhe alguma sugestão e, quando se dá conta, lá está, à sua frente, a tela povoada de imagens de uma nova reencarnação.

E Bruna passa a narrar suas lembranças, trazidas pelas imagens que vão sucedendo:

"O céu já não estava cinza, mas azul matizado com penachos

de nuvens coloridas iluminadas pelo pôr do sol. Devíamos ter aproximadamente de treze a quatorze anos. Usávamos vestidos longos e brincávamos de ciranda, despertando o interesse dos rapazes que, por entre as árvores, nos espiavam. Entre eles, divisei Armando e René, ambos nos disputando, e, apesar de, segundo percebia, não pertencerem à nossa classe, tinham os olhos acesos de cobiça. Enquanto me emocionava com os olhos de Armando, Alice amedrontava-se com a insistência de René, temendo-o."

A princípio, Bruna não participava da regressão, via as imagens sem emoção. Era como se lesse na legenda o que se passava nos quadros que a tela mostrava, mas, à medida que a "história" se desenvolvia, seu "eu" presente mergulhava cada vez mais nela.

"Papai era um homem enérgico e preconceituoso. Segundo seu entendimento, povo era povo, nobre era nobre. Acreditava que Deus havia assim criado, isto é, nobres e plebeus, os últimos para nos servirem e mitigarem sua fome com as nossas sobras. No começo, custou-me entender o papel de Armando naquela casa, mas de uma coisa eu tinha certeza: ele participava de vários afazeres e, pelo seu temperamento, observava-se o desejo de adquirir tudo. Quanto a René, só tinha olhos para Alice, a quem não dava trégua. Onde ela estivesse, lá estava ele, subserviente, espiando-a e a desejando. Viam-se nos olhos dele a cobiça e a luxúria. Não era feio, mas, de uma certa forma, era repulsivo. Em seu olhar transparecia a alma venal, pervertida, que possuía.

Vivíamos então na era da Monarquia absoluta, em que os bons costumes estavam relaxados. A Monarquia se enfraquecia, e os atos de traição eram os mais vulgares. A moral era avaliada pelo ouro no bolso e pelos imóveis de que usufruíam.

Eu, desde tenra idade, era prometida a Gaston de Villemont, e Alice, para a casa dos Depriviet, nobres ricos e dispensados de moral; o que valia era a estirpe, o sangue azul, a fortuna em que viviam.

Armando havia sido alfabetizado, às escondidas, pelo padre que o criara. Órfão desde cedo, não conhecera seus pais, por isso o complexo, a solidão em que vivia, casmurro e mal-humorado. Mas, quando eu aparecia, seus olhos se iluminavam, e o meu coração batia descompassadamente. Quando eu tinha aulas de piano e tentava um clássico, parecia que ele conhecia as sinfonias, pois rondava o castelo, como que sonambulizado.

Apesar de ter-me encontrado algumas vezes com Gaston, muito mais velho do que eu e liberal, meu coração estava amarrado ao de Armando. Eu sabia que meu destino era a Casa dos Villemont e que isso era assunto encerrado, mas eu clamava por aquele empregado orgulhoso, que de mim não tirava os olhos. Quantas vezes eu acordava no meio da noite, impressionada, perseguida por aquela visão, que me acompanhava por onde andava. Nas primeiras vezes, ele me espiava e me seguia nas sombras, mas, à medida que eu o encorajava, passou a me cumprimentar, colocando-se aos meus serviços, de uma certa forma mimando-me. Sempre fui medrosa, e relâmpagos e ventos me deixavam louca. Nessas horas, não sei como, lá estava ele para me encorajar e me confortar. Assim, o nosso amor floresceu à sombra da inquietante França, onde Luís

XIV reinava com absolutismo, o Rei Sol, que ficou famoso pela frase *L´état c´est moi* – o Estado sou eu.

Luxo, bajulação e suntuosidade na recepção da corte eram tônica comum, enquanto o povo morria à míngua, faminto e doente. O reinado de Luís XIV foi conhecido na história como o governo de luxo e pompa, e foi com esse rei que a França atingiu o ponto máximo no processo da centralização do poder monárquico, tornando-se símbolo supremo do absolutismo francês. Meus pais viviam nesse meio de frivolidade, acatando, submissos, todos os exageros do rei. Jamais repetiram uma vestimenta nas festividades e, por viverem no fausto, eram requisitados para todas as festas. Mamãe não tinha tempo para nós, que ficávamos nas mãos das preceptoras. Papai... Ah! Este não tomava conhecimento da nossa existência, sempre às voltas com a baixa ou a alta no mercado da moeda, bajulando o rei.

Armando achou um lugar pitoresco para nos encontrarmos. Era lá que fazíamos nossas juras de amor. Meu Armando era belo: a barba cerrada, os cabelos pretos como as noites sem luar e os olhos escuros contrastando com sua pele alva. Vivemos esse amor cândido por mais de dois anos. Eu estava para completar minhas dezesseis primaveras, e mamãe, naquele ano, iria me apresentar à corte e, de certa forma, confirmaria ante o rei meu noivado com Gaston. Quando conheci suas intenções, esmoreci, gotas de suor apareceram na minha testa, e um zumbido nos ouvidos fez-me desmaiar. Foi uma correria de criados a me acudir. Mas o desconforto passou logo. Inquirida do porquê da perturbação, baixei os olhos e não disse nada. Mamãe, firmando a vista em mim, redarguiu:

– Querida, quantas não dariam tudo para estar em seu lugar! Isso é o que todos querem: festa, prazer, dança e um casamento rico. Gaston não é de se jogar fora, não o perca, pois moças casadouras estão de olho nele. Afinal, o que é que você quer? Sua felicidade está completa. Quem me dera que tivesse a sua sorte!

– Mamãe – falei –, a senhora não é feliz com papai?

Mamãe, com seu porte nobre, meneou a cabeça, em sinal de desaprovação, e ponderou:

– Claro que sou feliz, sua boba, mas seu pai, na minha época, não era tão bonito como Gaston, nem tão rico. – E, batendo gentilmente nas minhas costas, mandou que me retirasse.

Eu, entredentes, sussurrei:

– Mas a senhora era bonita e mais rica do que ele.

Alice, mais nova que eu, embevecia-se com os preparativos para me apresentar à corte, não que ela quisesse estar em meu lugar, pois era arredia a agrupamento social, vivia como que transportada a lugares distantes, sonhadora, sempre com a cabeça nas nuvens, segundo expressão de tia Anne, irmã de mamãe, que, ao enviuvar, sem descendentes, fora morar conosco. Alice não era feia, mas sua beleza não sobressaía, por ser uma menina tímida e nervosa. Amava a vida e temia perdê-la, talvez por reminiscências do passado, em que se suicidara, sabe-se lá quantas vezes não o fez. Pouco ria e, de todos, era comigo que mais convivia. Quando via René Dupont cercando-a, como um felino faz com sua presa, tomava-se de terror, tremia e, às vezes, desfalecia.

Certa vez, quando estávamos no parque do castelo, numa hora de lazer, enquanto pintávamos a paisagem, Alice, que estava às correrias, tropeçou e torceu o pé. René saltou não sei de onde e a tomou em seus braços. Alice deu um grito de pânico e desmaiou. *Monsieur* Pompadour, nosso professor de pintura, correu, sem fôlego, tomou-a nos braços e a conduziu para junto de nós. René, apalermado, quase sem sangue no rosto, fugiu. Quando Alice voltou a si, o professor perguntou-lhe:

– O que foi? O criado a molestou?

Ela meneou a cabeça, em sinal negativo:

– Não sei, ultimamente ando meio amedrontada, mas não foi nada, já passou.

Todos nós olhamos para ela, desconfiados. 'Que será que se passava com ela, para dar aquele grito de terror, por uma simples torção?', pensei."

Armando pressiona Bruna

"O dia da apresentação na corte se aproximava. Armando não se conformava em pensar que eu rodopiaria nos braços de belos e garbosos rapazes. Quando estávamos juntos, amuado, intimidava-me com grosserias e, às vezes, até chorava.

– Maldita vida! Onde está Deus, se faz nobres uns, plebeus outros? Mas um dia vou ficar rico, a burguesia está subindo na escala da riqueza e eu lhe prometo, Bruna, comprarei um título nobre, e nos casaremos. Lutarei contra todas as convenções, e o nosso amor não será curtido em lugares ermos e frios como este, mas nos salões pomposos, na corte nobre. Padre José, meu tutor, tem-me instruído todas as noites e, para minha felicidade, sou inteligente, com facilidade aprendo as coisas referentes a mercado, do tipo compra e venda.

Vendo-o assim, meu coração se confrangia. Como casarmos,

se ele era um zé-ninguém? Mesmo que conseguisse comprar um título nobiliárquico, papai jamais aprovaria nosso enlace. Para me entregar a alguém, este teria de ter estirpe. E Armando? Nem a mãe conhecera. Vendo-me assim desanimada, incutia-me esperança:

– Querida... sei muito mais do que imagina. A monarquia está decadente pelos excessos, pela preguiça, pela falta de previdência. Ela não vai reinar para sempre, enquanto nós, varões e burgueses (ele já se achava um burguês), um dia subiremos ao trono, espere para ver. Seu pai não está assim tão rico; o jogo e as noites festivas o empobreceram. Por isso a insistência dele em fazê-la casar com Gaston, que, como ele, passa o tempo em orgia. Querida, fujamos, partamos para algum lugar em que ele nunca mais possa nos ver. Tenho algumas economias, conhecimentos monárquicos, muitos ofícios. Viveremos felizes.

Olhando aquele rosto amado e desesperado, meu coração afligia-se. Era ingenuidade demais fugir. A França monárquica era pequena e por toda parte havia exércitos a serviço do rei. Quem nos daria abrigo, sem se complicar com a monarquia? Não, eu não queria isso. Eu estaria salva, quiçá vítima, protegida do rei. Ele certamente seria executado sem demora, sem piedade. Mas como lhe dizer? Matar suas esperanças? O mais que eu poderia fazer era retardar meu casamento, colocando empecilho aqui, acolá, mas estava fadada mesmo a casar-me com Gaston.

Naquela noite de infortúnio, entreguei-me a ele, de corpo e alma. Era uma maneira de retribuir o seu amor. Conhecemos, juntos, as ânsias do corpo, sua tirania, seus desejos, mas também suas emoções e mergulhamos juntos nelas, como outrora, proibidos, mas quebrando convenções.

Por dois meses a fio vivemos nossa ventura, nos descobrindo e descobrindo nossos desejos, entregando-nos um ao outro."

O baile na corte

"Finalmente, o dia do baile chegou. A azáfama, em casa, era grande. Joalheiros para vender diamantes que enfeitassem meu colo nu, brincos e anéis que me deixassem requintada; prova do vestido bordado com pérolas, sapatos de salto alto; diademas preciosos, luvas, peles – nada faltava, sob a administração da minha mãe, que pessoalmente fiscalizava e escolhia tudo. Apesar de amar Armando, eu tinha curiosidade de ver onde os nobres se divertiam. Mas eu já estava cansada de tantas provas e tantos aparatos. Só mamãe não se cansava, averiguando tudo e dando opiniões. Por fim, mamãe, que conhecia o assunto, escolheu um conjunto de esmeralda – gargantilha, brincos, pulseira, diadema, anéis – para ornamentar-me. O vestido de cor mate clarinho, como a expressar águas do mar, caiu-me como uma luva.

Lá estava eu, às vinte e trinta em ponto, dentro da carruagem, com meus pais, e, atrás dela, vinha um cortejo de familiares acostumados com toda aquela parafernália. Meu coração pulsava descompassado, em expectativa, aguardando o encontro com o rei. Naquela noite, como eu, umas vinte jovens seriam apresentadas à nobreza.

Quando o mestre de cerimônias chamou, levantei-me e, de cabeça erguida, como mamãe me ensinara, atravessei o salão. Senti, na minha vaidade feminina, que fazia sucesso, pelas exclamações que se ouviam, à medida que me aproximava do trono. Altiva, encarei o "rei Sol" no alto do seu poder e delicadamente inclinei-me, em sinal de obediência. Em sua fisionomia, vi admiração pela minha beleza e, como mandava a etiqueta, quando ele desceu do seu trono e me cumprimentou, beijei-lhe a mão que estendia. Em seguida, dirigindo-se ao meu pai, elogiou-me o porte e a beleza:

– Meus parabéns, Jacque, sua filha é uma legítima Lacordaire.
– E repetiu: – Uma legítima Lacordaire.

Papai tomou-me pela mão direita e me conduziu ao lugar determinado pela etiqueta. Gaston, velho parceiro de noitadas, saiu do seu lugar e veio ao nosso encontro. Em sinal de posse, tomou-me a mão que papai segurava e nela colocou um grande diamante, sinal de que éramos comprometidos. Ante o sucesso que eu causava nos convivas, ele saboreava, participando dele. Raiva, nojo, desencanto tomaram conta de mim. Não era com ele que eu queria dividir o meu sucesso, não era por ele que meu coração disparava, e eu teria de suportá-lo até o fim. Após as apresentações, o rei fez sinal à orquestra para que o baile se iniciasse. Como era meu primeiro baile, mamãe veio ao meu encontro e pediu permissão a Gaston para que eu pudesse preencher minha cadernetinha, a fim de desfrutar da dança com outros rapazes, que já tinham se colocado à minha disposição. Gaston, não de muito boa vontade, cedeu à praxe de que eu dançasse com os demais, mas a primeira valsa seria dele, pois era meu noivo oficial. Eu não era avessa ao ambiente luxuoso onde me encontrava e, pela primeira vez, tomei uma taça de champanhe. Tudo para mim era novidade, sendo requisitada por todos os rapazes daquela corte. Meus olhos tornaram-se brilhantes, e minha face, corada. Todos os que dançavam comigo me elogiavam e tentavam novos encontros. Gentilmente, eu os descartava, mostrando o meu anel de noivado. O decoro estava tão relaxado, que eles diziam não ter importância; casamento era para solidificar fortunas, mas o amor se conseguia fora dele – era a lei da vida, diziam. Uns eram debochados, venais, apodrecidos de corpo e alma. Outros, mais disfarçados, fingiam seguir as convenções, mas, enfim, de certa forma, eles me divertiam. Mamãe rodopiava ora com papai, ora com seus amigos, com a fisionomia de quem estava de bem com a vida e de que esta lhe sorria. Apesar das futilidades, era de boa índole e amava meu pai.

Quando falo neles, tem-se a impressão de que eram maduros. Ledo engano, eles estavam na casa dos trinta e poucos anos, tiveram a felicidade de se amar, apesar de desde pequenos serem prometidos um ao outro – era lei naquela época.

Valsa ou minueto, eu dançava com desenvoltura; meus pais

haviam contratado um professor de dança para me ensinar os passos elegantes e leves. E eu passava entre todos como uma pluma flutuante, cativando meus pares e encantando os que nos viam dançar.

Meus pés, acostumados a sapatos folgados, estavam reagindo contra os saltos altos e sofisticados da corte. Mesmo assim, não me dei por vencida, atendi a todos, deslumbrada com as danças, pois antes eu só tinha dançado com meu professor e amigos, nas horas de folga. Agora estava colocando em prática o que havia aprendido, com os garbosos rapazes.

O champanhe mexera com as minhas emoções, e eu estava mais solta, mais alegre, mais descontraída, participando daquele novo mundo que só agora descobrira. De vez em quando a fisionomia triste de Armando passava pela minha mente, e eu me entristecia, pois minha felicidade seria completa se ele estivesse comigo. Meus pensamentos logo eram cortados pela fluência de parceiros que queriam dançar comigo e me cortejar.

Mamãe, muito afeita às regras, dizia-me para eu não abusar do champanhe, pois ele, assim como me poria alegre, também, pelo excesso, estragaria a festa. Gaston, acostumado a conquistar mulheres mais velhas, que o bajulavam, consentia que eu dançasse com quantos me convidassem, na certeza de que a presa lhe pertenceria e o que não poderia fazer 'agora', faria mais tarde.

Meu Deus! A riqueza é um fiel tirano. Naquele palácio, vivia-se um conto de fadas. A suntuosidade do ambiente nos inebriava, o luxo era característico na corte, no reinado do Rei Sol, Luís XIV, símbolo da monarquia absoluta.

Chegamos a casa na madrugada. O sol, tímido, coloria o céu com nuvens matizadas de lilás, minha cor preferida. Meus cabelos encaracolados estavam se soltando, mas o puxado, na frente, onde estava o diadema de esmeralda, estava intacto. Meu casaco de arminho branco dava-me um jeito infantil. Mamãe, vendo-me enregelar, enquanto tomávamos a carruagem, tocava meu rosto, meu nariz, para ver se eu estava bem, e me inquiriu:

– Gostou, minha filha? O que achou da festa? O rei, pelo visto, encantou-se com a sua aparência. Pudera! Linda como é, quem não ficaria inebriado?

Enquanto tagarelava, adormeci ao som monótono da carruagem. Papai estava embriagado, mas, como sempre, mantinha a postura de um nobre; mantinha o porte empertigado e mal respondia às interrogações de minha mãe. Entramos, exaustos e felizes. Eu também. Nunca havia pensado que houvesse lugares tão lindos, agradáveis e luxuosos. Recém-saída da meninice, não estava acostumada àqueles acessórios todos, que me encantaram. Chegando ao meu quarto, um espaço grande e agradável, enfeitado com cores claras, atirei-me de roupa e tudo na cama. Lá já estavam as criadas, para me despirem o vestuário de gala. Soltaram meus cabelos, retiraram a pintura do meu rosto, os meus sapatos e me vestiram para dormir. Eu estava tão cansada, que mal tomei consciência de todo esse ritual. Dormi o dia inteiro. Não quis cear nem tomar o chá das três horas – obrigação em nossa casa –, meu corpo pesava, e eu não tinha força para levantá-lo.

O Sol já se tinha recolhido quando me levantei, por insistência de Alice, que estava curiosa para saber como tinha sido lá no palácio de Versalhes. Descrevi o salão, o mobiliário, as vestimentas das pessoas, as célebres telas de famosos pintores da época, as músicas que dancei e com quem. Falei do rei e do nosso encontro e contei que, como todos esperavam, eu havia feito sucesso. Disse da sensação que o champanhe me deu. Contei que o único senão do baile fora a presença debochada de Gaston, meu futuro marido, mas que, graças a Deus, deixara-me dançar com os outros jovens, integrando-me aos acontecimentos sociais da corte. Alice bebia minhas palavras:

— Será que também vou gostar, quando chegar a minha vez? Será que vou ter tantos concorrentes para dançar comigo? E o rei? Será gentil como foi com você?

Olhando aquele rostinho miúdo e assustado comovi-me e, abraçando e beijando-a, confortei-a com palavras de estímulo:

— Claro, querida, quando seu dia chegar, irá brilhar mais do que eu, pois não é a preferida de mamãe?! Certamente ela irá se esmerar para que brilhe tanto quanto eu, na sociedade nobre e diante do rei.

Alice, mais encorajada, sonhava de olhos abertos:

— Sabe, Bruna, muitas vezes sonho com um moço que diz ser meu namorado. Ele é tão... Como direi... Hum! Bonito, charmoso, que nunca vi igual... Diz que morou em Bolonha e que vamos nos encontrar um dia, para casar. Será que isso é verdade? Ou a minha imaginação é fértil... Quando sinto os olhos maus de René me torturando, lembro dele e fico forte, pois tenho alguém, em algum lugar, que vela por mim.

— Sua ingrata... Eu não conto? Não sou sua protetora oficial?

— Ah! Isso é diferente... Você é minha irmã, não conta... – e ria. – Imagine se conto à nossa mãe que tenho esses sonhos loucos. Ela vai ficar brava comigo.

— Então – respondi –, para que isso não aconteça, não fale nada a ninguém.

Nesse ínterim, a criada de quarto veio nos avisar que a ceia estava posta e que todos nos aguardavam. Enquanto Juliette terminava de arrumar meus longos cabelos, Alice aguardava, silenciosa. Quando descemos as escadarias de mármore, ela me perguntou:

— Mas como é mesmo o efeito que o champanhe lhe fez?

E eu, ingênua, mas querendo ser muito mulher, fiz mistério:

— Bem... Ele nos deixa... mais ou menos, hum! Bem... mais alegre.

— Mas por que mais alegre, mais feliz, se já é feliz?

— Ah! Mas ficamos muito mais. Nosso sangue corre mais rápido pelo nosso corpo. Não sei... É gostoso.

— Você me deixa provar?

— Só um pouquinho... porque mamãe me disse que, assim como ele nos deixa bem, se exagerarmos, acabamos passando mal.

Alice, descendo os degraus de dois em dois, ficou pensando no que havia ouvido.

Quando cheguei ao salão, vi Armando, que, com meu pai, saía do escritório onde ele resolvia os problemas atinentes à nossa economia. Meu coração enregelou-se, e um arrepio passou por minha coluna.

Seus olhos ficaram ainda mais negros e, como dois punhais

agudos, encontraram-se com os meus. Alice, que conhecia nosso romance, sentiu o clima incômodo entre nós dois e, puxando-me pelo braço, me levou à mesa."

A ceia

"Apesar de papai ser liberal fora de casa, dentro, ele fazia questão de manter os bons costumes da decência e da moral. Como eu já tinha passado no teste com o rei e me comportado como uma verdadeira Lacordaire, papai, solenemente, naquela noite, deixou-me participar da ceia com os adultos, tomar vinho às refeições e ingerir bebida doce – os famosos licores de uva e laranja da nossa propriedade. Éramos doze pessoas à mesa; na família, éramos muito requisitados por parentes arruinados que papai ajudava e também por amigos de ideias comuns que participavam de nossa casa.

Eu, imaginem, nos meus áureos dezesseis anos, achei-me uma mulher adulta; agora poderia participar de assuntos mais sérios e das futricas da corte. Antes, escondia-me nas pilastras de alabastro da casa para escutar as conversas proibidas e conhecer as revelações escabrosas de escândalos que as amigas de minha mãe lhe contavam. Meu Deus! Naquele momento, senti-me valorizada. Papai deixou bem claro: eu saía da meninice para galgar os degraus da juventude; era uma mulher adulta – e disse isso solenemente. Alice, que não era nem menina nem adulta, observava tudo com interesse, mas, dessa vez, não deu nenhuma opinião. De vez em quando, fazia-me sinal de que Armando estava nas cercanias e, pelo jeito, queria me falar.

Disfarçadamente passava os olhos pelas aberturas internas e via que o coitado estava desolado – talvez temendo me perder.

Só de pensar que papai e mamãe desconfiassem, eu estremecia de pavor. E pensava comigo mesma:

– Ah... Meu Deus! Estou fraquejando. O que vai ser de mim? Amando-o com loucura e tendo de casar com Gaston.

Armando tinha razão: Deus era muito injusto, criando uns – a plebe – para servir a nós, os nobres. Mas que justiça era essa que dividia os povos em classes tão adversas? Certa vez entrei no quarto de Armando e vi um cartaz na parede, que dizia o seguinte sobre os grupos sociais: *o padre para rezar por todos, o soldado para combater por todos, o povo para trabalhar por todos e o nobre para comer por todos.* Lembro que, quando me viu, afastou-me com delicadeza, mas nunca mais esqueci. E agora tudo aquilo me passava celeremente pela cabeça, ao divisar Armando. Ninguém podia deixar a ceia sem que meus pais primeiro o fizessem, para passarem ao salão social ou para a biblioteca, onde alguns fumantes se reuniam e usavam tabaco. Eu não tinha muita fome, mas experimentei uma taça de vinho branco, sob o olhar complacente de mamãe.

Meus pais eram amantes da arte, cultivavam com prazer a pintura e a música. Por isso, tínhamos conosco alguns de seus protegidos. Nossa família era uma das mais ricas dos feudos e que mais impostos entregava ao rei. Papai patrocinava os trabalhos dos pintores e dos compositores de qualidade indiscutível. Por ser vaidoso, fazia-se pintar por seus protegidos, como também a família inteira. Certa vez fez-me vestir minhas roupas da apresentação ao rei, e Bussuet, um pintor de futuro, retratou-me em tamanho natural. Ele queria deixar gravado o meu primeiro encontro na corte e dizia que, quando Alice fosse apresentada, também teria o seu retrato. Papai gostava de paisagem pintada, principalmente quando os pintores copiavam os Montes Apeninos e a sua rara beleza. Não era caridoso na acepção da palavra, mas tratava bem seus subalternos. Os cômodos onde viviam famílias inteiras, tanto na cidade como no campo, eram limpos e agradáveis. Dizia que servos bem tratados davam lucros, aumentava seus proventos e livrava-os das epidemias que grassavam na Europa, algumas até fatais, como a peste negra, que dizimava milhares de criaturas, principalmente os pobres.

*****

Passava da meia noite, quando pedrinhas miúdas bateram na janela gótica do meu quarto. Levantei-me, vesti um penhoar, aumentei a luz do candeeiro e divisei um vulto na escuridão lá de fora. Desconhecidas melodias cantavam no vento frio fazendo esvoaçar os seus negros cabelos, despenteando-os.

– Você enlouqueceu? – falei. – Quer nos desgraçar? O que deseja, a esta hora da noite? Ainda temos hóspedes acordados, no salão de jogos. Nem papai nem mamãe se recolheram. Amanhã dou um jeito de nos encontrarmos.

Armando, entre a ira e a tristeza, não se conformava:

– Só um pouco – redarguiu –, precisamos conversar.

– Não – respondi. – Amanhã, amanhã, sim. É para nosso bem. Se nos encontrarem juntos será pior, mais para você do que para mim. Será escorraçado daqui e, quem sabe, aprisionado em uma masmorra.

– Não – disse ele –, isso não! Boa noite, até amanhã.

Deitei-me novamente, mas meu coração clamava pela presença dele. Afinal, éramos dois num só, nós nos completávamos. A paixão avassaladora nos queimava e requeimava. Suores frios porejavam pelo meu corpo inteiro. Mas não cedi. Tínhamos de ser prudentes, e fui."

E o tempo passou

"Passaram-se muitos meses depois da minha apresentação ao rei. Nossa vida continuou – entre meus encontros com Armando e as tertúlias de meu pai no palácio. Gaston, vendo o sucesso que eu fazia entre os homens da época, tratou logo de, com meu pai, marcar a data de nosso casamento. Armando, quando soube que realmente eu ia me casar, chorou e suplicou. Ele já tinha uma considerável quantia em moedas de ouro para fugirmos. Iríamos para a Inglaterra, para a Irlanda, ou mesmo para a Rússia, mas estaríamos juntos e salvaríamos o nosso amor. Por outro lado, Alice adoecera de um mal desconhecido, definhava dia após dia. Seu único alento era a minha companhia, da qual não abria mão, requisitando-me sempre mais do que aos outros. Tinha visões dantescas, de infernos e purgatórios, em tudo via René Dupont pedindo-lhe contas de sua vida, cheio de ódio.

A quem atender? Aos rogos da irmã amada ou aos rogos de Armando, súplice? Meu coração estava dividido, amava os dois sem reservas. Se ficasse, perdia Armando. Se fugisse, talvez perdesse Alice. Quando me encontrei com Armando, no lugar de sempre, argumentei que Gaston teria o meu corpo, jamais a alma, porque esta lhe pertencia. Armando tomou-se de loucura, batendo a cabeça na parede; vociferava, falando palavras desconexas, como se estivesse insano. Assustei-me. Seus olhos vagavam, como se estivesse alucinado, fora de si. Abracei-o com amor, cantei baladas suaves, até fazê-lo acalmar-se e dormir. Retirei-me assustada, temendo pelo equilíbrio mental dele. 'Meu Deus!', eu gritava dentro de mim, revoltada. 'Que destino infeliz me aguarda? Por que, Senhor? Por quê?' Quanta adversidade! De que me valiam a riqueza, o luxo, a opulência em que vivia, proveniente de linhagem legítima, se tudo isso me separava de quem amava? Por que as classes? Qual a finalidade? Não éramos todos iguais perante Deus, apesar de os bispos alardearem que os nobres eram de origem divina? Em quê? Porventura nas veias dos pobres não corria o mesmo sangue dos nobres? Eu temia por Armando, que era fraco e poderia cometer um desatino, roído pelo ciúme.

Tomada de dor, voltei ao meu quarto, desesperada, com o coração em frangalhos. Enquanto Alice ressonava, na sua debilidade física, eu permanecia insone, com a cabeça em fogo. Revolvia-me na cama, sem poder conciliar o sono, pensando... pensando... E lágrimas quentes borbulhavam em profusão. 'Que mundo é este?', eu perguntava para mim mesma, ralada de dor. 'Onde está a justiça?

O coração não entrava nos contratos matrimoniais, tudo era uma negociata. Que importava aos pais se as filhas amavam ou não os seus pretendentes? O importante era a política econômica, a união das fortunas para solidificá-las mais. Por isso tanta traição de ambas as partes. O casamento só tinha validade nos papéis, e os cônjuges iam fora dele abrigar o coração solitário'.

Amanhecia, e o Sol em chama coloria o horizonte. O alvoroço da criadagem começava. Um burburinho abafado se ouvia na parte inferior do castelo, mas notava-se um vaivém nervoso dos serviçais. Meus familiares deitavam-se tarde, consequentemente, levantavam tarde, quase à hora do almoço. Mas, como eu estava insone, ouvi o criado de quarto de meu pai chamá-lo.

– Senhor, senhor... Aconteceu uma desgraça, é preciso que se levante para nos aconselhar sobre o que fazer.

Papai, ainda meio sonolento e de ressaca da noitada, resmungou, bravo:

– Diga-me o que foi que aconteceu de tão grave para vir me acordar a esta hora da manhã.

– Encontramos seu contador de moedas enforcado no seu quarto de dormir.

Quando ouvi o relato do criado, dei um grito de pavor e desmaiei. Acorreram todos para o meu quarto, tentando entender o inusitado. Enquanto mamãe me acudia, papai desceu as escadas trajando um roupão pesado – pois fazia muito frio naquela época – e atravessou o pátio, até alcançar os cômodos dos criados. Ficou estarrecido. Armando devia estar morto havia muitas horas, pois seu cadáver arroxeado e com a cabeça pendida jazia rígido.

Minha mãe não entendia o porquê do meu grito e do meu desmaio. A vassalagem ia e vinha aturdida, e alguns, principalmente as mulheres, choravam. Fiquei fora de mim por várias semanas, sem tomar conhecimento de nada. Papai, com Padre Joseph, tratou de fazer as exéquias do meu amado. Escondidos do clero de então, abençoaram e encomendaram o corpo do suicida. Agora, em vez de uma doente, mamãe tinha suas duas filhas em completo abandono físico. Alice, vendo-me em estado de falência orgânica, não suportou e também acabou definhando.

Os dias corriam tristes e desencantados. Os médicos faziam de tudo para nos auxiliar, mas em vão. A alma ferida gravemente queria abandonar o corpo também fustigado pelo acontecimento. Somente a poder de remédios tônicos e revigorantes físicos voltamos à vida. Digo à vida física, porque a psíquica jazia morta. Perdi a consciência e não lembrava o porquê de minha enfermidade. Mas sentia que alguma coisa de grave havia acontecido e da qual eu não me recordava. As pessoas, quando falavam comigo, escolhiam as palavras para não me magoarem. Até que um dia sonhei com Armando. Ah!... Dia fatídico! Sonhei com ele pendurado pelo pescoço. Acordei sobressaltada, e a memória voltou, fazendo-me recordar e rememorar tudo. No sonho, Armando, desesperado, tentava afrouxar a corda que o asfixiava. Pedia-me socorro com as mãos. No sonho dantesco, a realidade confundia-se com o inverossímil."

*****

Nesse momento, Bruna, na regressão, sob forte tensão, quase passa mal, e a auxiliar, trazendo-a ao presente, ajuda-a a relaxar e a descansar.

– Meu Deus! – exclama – parece que isso foi ontem, é como se eu vivesse um presente remoto inserido no hoje. Pobre Armando, que destino cruel. Mas já estou mais fortalecida, reiniciemos.

A tela se ilumina; à reminiscência dela, os quadros saturam o painel de imagens coloridas e diversificadas. Bruna vê e relata:

"Passei três longos anos entre a loucura e a demência, confundida com a realidade imortal. Via Armando sufocado e sufocava-me também. Muitas vezes desmaiava ante a sensação da asfixia; eu chorava muito, lamentava-me, ora era eu quem falava, ora era ele que se expressava por meu intermédio, com voz rouquenha, assustando todos da família. Meus pais souberam, pela criadagem, do meu relacionamento com Armando e compreenderam minha alienação.

Tanto os cofres de papai como os de Gaston se achavam exauridos. Na primeira melhora que apresentei, trouxeram à baila o casamento, e, na primavera, o ato foi oficializado com toda a pompa que a nossa classe exigia. Eu já não tinha o viço dos meus áureos dezesseis anos, nem a alegria, estava uma sombra do que fora, mas, enfim, isso não importava. O que valia era, com urgência, unir os bens que ambas as famílias possuíam. Na oportunidade do enlace, a casa regurgitava de nobres, altos burgueses, banqueiros. O rei nos abençoou, como era de praxe. O dia inteiro foi reservado a festividades, tanto no nosso castelo como nas residências dos servos.

Foram distribuídos lanches com carnes, pães, mel e iguarias para os pobres, como era da tradição de nossa família, em homenagem a Saint-Germain, padroeiro da casa dos Lacordaire.

O castelo e as cercanias estavam enfeitados de flores e muitos arranjos. O casamento foi realizado na Catedral de Notre-Dame, e doze damas de honra faziam o cortejo juntamente com seis pajens infantis escolhidos a dedo pela minha mãe; era a fina flor da nobreza que participava do evento. Nossa lua de mel foi em Florença, na Itália, também em um castelo real.

Gaston tratou-me com gentileza e cavalheirismo, não me forçando a nada. O champanhe ajudou-me a lhe pertencer, mas, mesmo assim, foi uma noite de pesadelos. Para todos os lados que olhava, via Armando me acusando de traição, não se conformando que eu pertencesse a outro. Passamos uns trinta dias percorrendo a Europa, frequentando os melhores lugares, os mais luxuosos, convidados para festas de reis e rainhas. Gaston, acostumado à devassidão, logo, logo retornou à vida de sempre. Retirava-se cedo das festas comigo, para depois retornar para as suas orgias.

Voltamos e fomos morar no castelo dele, que, em luxo e suntuosidade, nada devia ao nosso. Tapetes persas, porcelanas indianas, candelabros folheados a ouro, colunas de mármore nobre e portas de carvalho inglês, finíssimas, faziam parte do requintado solar, contracenando com pinturas de famosos artistas. Um piano de cauda ornamentava o salão de festas, muito usado por ele, apreciador de boa música. O quarto, de estilo antigo, mas lindo, era ornamentado por pesadas e belas cortinas de veludo e brocado.

Na cama de casal, um lindo dossel completava a beleza da cama. Mas nada daquilo me encantava. Eu vivia sonambulizada, entre as exigências do meu marido e a ira aguda de um fantasma que não me dava trégua, me pedindo contas de uma fidelidade que não existia, pois Gaston era meu legítimo esposo perante o rei e Deus, por meio da Santa Madre Igreja.

E foi neste ambiente que vieram os herdeiros, o primeiro, o segundo e, na maturidade, o terceiro. Somente quando engravidei do terceiro filho foi que meu fantasma desapareceu e só mais tarde, na espiritualidade, é que eu soube que Armando havia renascido por mim, como uma criança débil e fragilizada que eu, sem nem saber, distinguia dos outros. Amava com loucura aquele ser minguado, quase imbecilizado. No fim de minha existência estávamos arruinados pelos exageros de meu marido que, pródigo e não previdente, deixou-se cair nas armadilhas de ricos banqueiros da burguesia. Quando mamãe morreu, estava desiludida pela administração de meu pai que, com Gaston, empobrecera. Já na época, estávamos vivendo no reinado de Luís XV, "o Bem-Amado". Envelhecida precocemente, de cabelos grisalhos, eu não vivia, simplesmente passava pela vida. Meu único arrimo foi Julien, meu filho menor, e a ele, por ser doente, me dediquei de corpo e alma.

René Dupont, com o tempo, já bem mais velho, quando Alice se transferiu para o nosso palácio, pediu para trabalhar conosco, por alguns poucos francos. Ele já não tinha mais a fisionomia vil, e Alice acabou se acostumando com sua vigilância. Não o repelia e, muitas vezes, conversava com ele, rindo da sua prosa fácil e engraçada. Morreu junto a nós e nos foi fiel até o fim. Alice foi primeiro, e ele, não suportando a saudade, seguiu-a."

Aqui suspendeu-se a regressão, e o tempo do hoje estava guardando o ontem no fundo da memória de Bruna. A madrugada raiava, e o Sol, timidamente, anunciava o alvorecer. Ângela acompanhou a sobrinha no retorno ao acolhedor lar. Armando ressonava serenamente. Quando Bruna se ajustou à concha orgânica, reteve na memória alguns pontos importantes da recordação, e ao vê-lo confiante junto a ela, seus olhos encheram-se de lágrimas e, abraçando-o com amor, beijou-lhe a cabeleira negra e farta. Sentindo o afago, abraçou-a também e perguntou, quase dormindo:

– Já está na hora de nos levantarmos?

– Não... Ainda não, é cedo. Temos algum tempo para ficarmos na cama, durma, descanse. Quando chegar a hora eu o chamo.

Sentindo seu perfume de lavanda, Bruna desejou-o naquele momento. A vida deles estava entrelaçada havia muitos séculos, por isso o seu perfeito entendimento. Armando, sentindo o seu desejo, desperta e beija-a ardentemente.

A chegada de Letícia

Bruna passou o dia ocupada com as tarefas domésticas – limpou, lavou, cozinhou, passou e, nas horas de descanso, aprimorou-se com a leitura dos livros espírita, encantando-se com ela, pela justeza de conceitos e racionalidade que continham. Sua sensibilidade cada vez mais aguda dava um sentido maior à sua vida suburbana. Agora ela sabia quem era, de onde vinha, por que vivia e para onde iria. Inebriava-se com os conceitos de *O Livro dos Espíritos* e assimilava a moral de Jesus à luz da doutrina bendita.

Bruna já estava levando Alice à casa espírita, e a menina comportava-se como se isso já fizesse parte de sua vida. Recebia passe, tomava água fluidificada e assistia às palestras com muito interesse. Numa tarde, na saída, perguntou para a mãe:

– Por que não trazer papai também para assistir e tomar passe naquela casa bonita?

— Mais tarde, querida. Papai está muito cansado do trabalho, e eu não quero aborrecê-lo.

— Mas, mamãe, eu conheço papai... Ele vai adorar e, com o passe, não precisará mais ir ao médico para fazer relaxamento e saber da outra vida.

Bruna admirou-se, pois nunca haviam falado do assunto perto da menina.

— Querida, de onde você tirou isso?

— Ora, mamãe, eu ouvi o papai falando com o tio Marcos, quando foi me pegar no colégio. Eu fiquei tão quietinha para ouvir o que eles falavam, que papai só foi se dar conta quando eu tossi. Aí ele me falou: "Você está prestando atenção no que estamos falando, Alice?". Então, mamãe, eu desconversei: "Não, papai, estava contando as árvores da rua". Senti que ele ficou mais descansado. A senhora não acha que fiz bem?

Bruna sorriu da esperteza da criança e do conceito que ela elaborava e respondeu, com a cabeça, que sim. Mas que não tornasse a escutar a conversa dos adultos, porque não era certo.

— Assunto de criança — disse ela — é de criança; de adulto, é de adulto.

Bruna passou muitos dias sob a tensão do passado. Clichês meio desconexos tentavam impor-se à sua consciência do presente, teve muita depressão e angústia. Soube, por dona Esmeralda, que esses sentimentos deveriam ser resquícios do transe, no desprendimento, quando havia recordado o passado, mas que, com o tempo, iriam desaparecer.

"Mas por que logo eu?", pensava. "E Armando? E Alice? E Sílvia? Todos, protagonistas de um passado como o meu, cheio de nuanças, de que não recordavam. Mas será que recordar é ter mediunidade? Vou revisar os livros da codificação e me informar na casa espírita, para poder trabalhar com todas essas informações".

Acalmou-se, colocou a mente no lugar, respirou fundo e voltou às tarefas da casa.

Já era tarde. O Sol punha-se no horizonte.

Matutando, entrou na cozinha, preparou um lanche reforçado para a querida irmã e amiga. Mal tinha terminado, quando ouviu vozes na entrada. Eram eles que chegavam. Alice, gritando por ela; Sílvia, correndo para lavar-se e trocar de roupa; Armando, cheio de pacotes, pois passara na lanchonete e trazia pão francês quentinho, queijo e presunto. Sua filha correu para ela, com cartolinas na mão, orgulhosa das pinturas que produzira na escola.

Aquele era o seu lar, modesto, mas feliz. Havia entre eles uma perfeita harmonia. Bruna corre ao encontro deles, abraçando-os e lhes dando as boas-vindas.

– Mulher! Temos novidades... – falou Armando empolgado com a surpresa.

Quando Armando se expressava assim, querendo ser engraçado, era porque tinha notícias um tanto alarmantes. Bruna olhou para ele, perscrutando sua fisionomia. O que ele queria dizer sem assustá-la?

– O que foi? – perguntou, e um gelo passou pelo seu corpo todo, pressentindo problemas.

– Calma... Apenas que sua mãe vem para nossa casa, está um

tanto doente, e ela virá para cá, a fim de fazer exames. Apareceu-lhe um nódulo no seio, que a incomoda muito. Recebemos a carta de manhã, mas, como eu estava de saída, não quis preocupar você, para mais tarde combinarmos juntos recebê-la. Como sei que você se afligiria, esperei a tarde para conversarmos. Por enquanto, é isso. O médico quer uma mamografia.

– Mas, querido, se eles querem exames, é porque o problema é sério.

– Bruna... Bruna! Não vamos nos precipitar. Sua mãe vai fazer alguns exames, isso não significa que seja grave.

– Ah, Armando! Pobre da mamãe. Tomara mesmo que não seja grave. Foi tão infeliz na vida. Primeiro foi desprezada por papai, depois ele morreu, e ela, sozinha, com algumas economias, nos manteve. Agora que tudo ia bem, ela vai adoecer?! Ah! Isso é muito triste!

– Bruna, basta estarmos vivos para podermos adoecer. Por acaso não passamos por adversidades, também, com as nossas duas filhas e perdemos a primeira?

– Isso é diferente. Somos jovens, saudáveis, nós nos amamos, e um dá força ao outro. Mas mamãe... Mal-amada, apenas recebeu da vida encargos e mais encargos.

– Querida, estou desconhecendo você. Por que tanta mágoa? De onde tirou essa amargura? A vida é isso mesmo! Ora perdemos, ora ganhamos; ora recebemos, ora damos.

– Nossa! Se você me estranha, eu também o desconheço, pois parece que filosofamos em terrenos contrários. Eu, no pessimismo, e você, no otimismo. Estou certa? Agora, não se esqueça de que a mãe é minha. E se acontecesse com a sua, como reagiria? – Bruna, que ainda não se desligara de todo da reminiscência, estava com os nervos à flor da pele, por isso, a discussão. – Desculpe-me, querido! Tem razão. O mais importante é recebermos mamãe. O resto veremos depois.

Armando solta a pasta, abraça a esposa e a leva até a sala de estar, onde poltronas bem cuidadas ornamentam o cômodo. Sentam-se e se põem a planejar como acomodar a velha senhora. Sílvia, ao chegar, interroga:

– Mamãe vem para cá? Algum problema?

Bruna é quem responde:

– Mais tarde, quando você voltar da aula, conversaremos, mas não é nada.

Alice, que ouvira toda a conversa, pula de alegria:

– Oba! Vovó Leta vem para nossa casa? Vou pedir para ela fazer cocada pra mim. Posso, mamãe?

Bruna, mais aliviada, olha para a criança inocente e alegre e se desarma. Meneando a cabeça, concorda com a filha.

– Bem... – diz Armando –, já me desincumbi do assunto mais preocupante. Agora vamos ao nosso assunto. Foi ao ginecologista? Será que o nosso menino está a caminho?

Alice interrompe a conversa dos dois:

– Que menino? Quem vem para cá? Meu primo? Quem?

Armando tinha muito jeito com a filha; coloca-a sobre o joelho, afaga sua cabeleira encaracolada e fala:

– Filha, você não acha que está na hora de ter um maninho?

— Foi isso que o senhor falou?

Armando mexe com a cabeça, em sinal positivo. Alice fecha a fisionomia, como se tivesse de resolver um problema de adulto. Pensa, repensa e responde:

— Se o papai e a mamãe não gostarem mais do meu irmãozinho do que a mim, aí eu quero.

Em suspense, esperavam pela atitude da criança. Quando ela concorda, ambos a apertam e beijam, fazendo-lhe festa. Bruna olha para o marido, com carinho.

— Mesmo sem ter a confirmação da minha médica, posso desde já afirmar que o bebê está a caminho.

— Verdade?

— Sim.

Ficam os três abraçados, em profunda expectativa. Alice, viva, começa a questionar a mãe sobre como seu irmão foi concebido. Bruna, avessa a mentiras, explica:

— Papai colocou uma sementinha na mamãe; a sementinha começa a crescer, e, em nove meses, nascerá o seu maninho. Pela minha matemática, ele virá na primavera.

— Ah... Mamãe, eu já queria que ele viesse amanhã!

Os dois riem da pressa da criança. Armando levanta-se e vai tomar banho. Bruna segue para a cozinha, a fim de preparar o lanche. Aquela noite termina com muita expectativa, de um lado, triste com a doença de Letícia e, de outro, otimista com a chegada de mais um filho em casa.

*****

Haviam-se passado oito dias quando dona Letícia chegou

à casa dos Almeida. Traz a fisionomia apreensiva e, junto com ela, muitos presentes, principalmente para a neta querida. À sua chegada, Bruna e Sílvia colocam no rosto uma fisionomia de alegria, a fim de confortar a senhora, que teme pela enfermidade. Armando, que a trouxera, também a anima com assuntos triviais e agradáveis, falando da filha, da reforma da casa. A nobre senhora tudo ouve com quietude, mas contente, de certa forma, por revê-los bem e saudáveis.

– Entre, mamãe – fala Bruna, abraçando-a com carinho. – Passemos para a sala. Enquanto descansa, vou preparar um café para tomarmos com torta de maçã, que a senhora tanto aprecia.

Dona Letícia volta-se para Sílvia, pega-lhe as mãos e beija-lhe a face, falando mansamente:

– E você, querida, como vai? E os estudos? Como lamento não ter condições de custeá-los. Sinto tanto que tenha de trabalhar para pagá-los!

– Mãe! Trabalhar não é o fim do mundo. Aliás, é a melhor coisa que Deus nos legou. Sermos úteis, produtivos, termos com o que nos preocupar. Trabalhar significa viver, não passarmos somente pela vida, mas usufruirmos dela plenamente. Não tenho temperamento para ser dondoca.

Bruna, que vinha da cozinha, ouvindo as últimas palavras da irmã, retruca:

– Sílvia, está, por acaso, me chamando de dondoca?

Ela ri do aparente espanto da irmã:

– Convenhamos, disso você não tem nada, pois lava, passa,

cozinha, arruma a casa, e não é mole, não, arcar com toda essa responsabilidade. Falei assim para mamãe não se preocupar por me ver trabalhando.

— Ah, não — diz Bruna à sua mãe —, isso foi a melhor coisa que aconteceu à Sílvia, ainda mais que ela está fazendo algo de que gosta. Se Armando não fosse tão turrão, eu também estaria trabalhando fora, como professora, e até ajudaria na economia da casa, mas depois que perdemos Luciene e veio a Alice, ele preferiu que eu ficasse em casa. Mas conte, como está João Luiz? Soubemos que ele conseguiu retirar a senhora da casa grande e colocá-la em um apartamento pequeno e confortável no centro da cidade. Ficamos muito alegres quando nos comunicou. A senhora não queria morar com nenhum de nós, para não incomodar. Está gostando?

Letícia, com o calor da recepção, fica mais serena e põe-se a falar de si, das suas coisas, da família e de seu filho casado. Mais tarde, passam para a sala de refeições, sempre com muitos assuntos, colocando em dia a conversa. O quarto de Sílvia foi arrumado de modo a acomodar a mãe. Ficam até tarde da noite conversando e relembrando de quando todos viviam juntos.

No outro dia, Armando saiu cedinho, e a primeira coisa que fez foi marcar o médico para a sogra. Letícia acordou bem cedo e, com Bruna, foi à sala de refeições, falando baixinho de suas dúvidas e temores:

— Minha filha, já faz um ano que venho protelando o encontro com o médico. Até que não aguentei mais a dor e falei com seu irmão, que deu um jeito de me encaminhar ao nosso doutor

Gervásio. Ele me examinou e falou claramente que eu devia vir para a capital, a fim de fazer exames mais precisos, e deu-me o endereço de um perito nessa especialidade, conhecido dele.

– Mamãe, vamos deixar para nos preocuparmos quando realmente soubermos que sua doença é grave. Não vamos sofrer por antecipação. Já tive amigas com esse problema; foram tratadas e ficaram boas. Está bem assim? – E alisando os cabelos grisalhos da mãe, abraça-a e beija-a com emoção. – Depois que todos saírem, tenho novidades para contar. – E, cochichando ao seu ouvido: – Estou frequentando um centro espírita.

– Um o quê?!

– Um centro espírita.

– Filha... filha, veja lá o que está a fazer... Seu marido está a par? – pergunta também, em cochicho.

– Não – respondeu Bruna, falando baixinho –, mas Sílvia sabe. Mamãe, não é nada do que dizem por aí. É nobre, bom e agradável, e as pessoas que se envolvem na casa são responsáveis e honestas.

Armando, que retornara para pegar alguns papéis que havia esquecido, chega à porta do cômodo onde ambas conversam e faz um muxoxo:

– Hum... Segredinhos, hein? Tomara que Bruna não esteja falando mal de mim. Querida, você está fazendo queixa de mim? Do quanto eu a maltrato? – diz, gracejando.

– Que nada, seu bobo. Ela já sabe que você é o melhor marido do mundo, por isso consentiu no nosso casamento. Não o trocaria por nada.

– Elogio a esta hora? Deve estar planejando alguma coisa...

As duas riem alto da "desconfiança" dele. E dona Letícia abraça-o com carinho, despreocupando-o.

A doença de Letícia

Dona Letícia chega do médico e traz a fisionomia tensa, a face pálida. Bruna, que fora com ela, não consegue dissimular a apreensão. Sílvia, que as esperava, sente o ambiente tenso e indaga a ambas:

— Então, como foi de médico?

Bruna se adianta para responder, dando uma entonação falsa de serenidade. Vai logo dizendo que o médico apenas a examinara, mas que isso era rotina. Alice, inocente, atira-se nos braços da avó, pedindo o bombom que ela lhe prometera. Sílvia, vendo a imprudência da menina, toma-a do colo da mãe e dá alguns objetos pessoais, como brincos e colar, para a sobrinha brincar. Dona Letícia, sentindo-se cansada, pede para se recostar no quarto, ao que Bruna logo concorda.

Armando, ao chegar, sente o ambiente diferente. Bruna, colocando o dedo nos lábios, pede-lhe silêncio. E, com os olhos, indica seu quarto, para conversarem. Quando o marido entra, pergunta, aflito:

— O que foi?

Bruna responde, em lágrimas:

— Há suspeita de que mamãe tenha um carcinoma no seio. O médico pediu exames: mamografia e biópsia.

Armando, abraçando-a com carinho, conforta-a com palavras de otimismo:

— Vamos, querida, recomponha-se. O que o médico pediu deve ser rotina no seu consultório. É natural que peça exames para um diagnóstico seguro. Não vamos nos precipitar, vamos aguardar os resultados com bom ânimo.

Bruna, abraçando o marido, convida-o a ir vê-la no quarto, onde havia se recolhido. Ele aceita a sugestão e para lá se dirige.

Entardecia, e o Sol retirava-se com seu cortejo de luzes, dando lugar à noite, com seu manto azulado. O quarto estava levemente iluminado por uma lâmpada de cabeceira. Dona Letícia, de olhos fechados, dava a entender que dormia. Quando sentiu rumores na porta, abriu os olhos e sorriu tristemente para o genro. Vendo a apreensão no sorriso dela, ele a conforta:

— Minha sogra, hoje tudo tem solução, não sofra antecipadamente. A ciência, graças a Deus, nos últimos anos, tem avançado extraordinariamente. Venha, levante-se, participe conosco do jantar, anime-se. Diz meu analista que o pensamento tanto cria como anula as doenças. Não vá ficar criando o que não tem. Os exames são, para os médicos, o que é para nós, contabilistas, preencher formulários.

Ante a comparação, a senhora sorri mais animada, coloca os chinelos e, abraçada ao genro, dirige-se com os outros para a sala de refeições, com o semblante mais confiante. Bruna, quando vê a mãe em conversa animada com seu marido, exulta, criando coragem.

– Oh, mamãe! – exclama. – Que bom que a senhora se levantou! Venha, acabei de assar um pastelão, a seu gosto, e aproveitei o calor do forno para fazer um bolo de cenoura ensinado pela senhora.

Sílvia coloca a mesa, enfeita-a com bela toalha e guardanapos bordados. E, no centro, ornamenta com uma fruteira. Os copos transparentes parecem de cristal, e os pratos com estampas miúdas abrem-lhes o apetite. A comida quentinha é colocada à mesa com esmero, para agradar à velha senhora, que, fragilizada, via a vida se escoar de seu corpo pequeno. Janta com apetite, e a refeição é regada a suco de laranja. Depois, Bruna serve bolo. Dona Letícia procura parecer tranquila e, dessa maneira, serenar a todos. Esforça-se para alimentar-se bem, elogiando a ceia, mas, por mais que tentasse esconder, o temor estava em seu rosto.

Assistem à televisão, e Armando, sabedor de que ela era amante da boa música, coloca um disco do seu agrado.

Passa das vinte e duas horas quando todos se recolhem. Bruna, já no quarto de dormir, conversa por um longo tempo com o marido, sobre os problemas que iriam enfrentar e para os quais teriam de se preparar. Armando tenta argumentar, a fim de que ela fosse otimista e aguardasse os resultados dos exames. Mais calma, ela acaba dormindo, o que não acontece com ele, que fica se virando e se revirando na cama, com os olhos abertos para as futuras dificuldades a serem enfrentadas. A vida havia lhe pregado várias peças: o desencarne de Luciene; o problema com Alice, que se confundia com a identidade da irmã; sua depressão, que culminou com as sessões de análise – em suma, tanta adversidade na juventude, e agora teria de enfrentar a doença da sogra, que, esperava, não fosse drástica.

Amanhece, e o Sol brilha no horizonte, espalhando luz e calor sobre a terra. Os dias são mais longos, menos frios e mais agradáveis. O pequeno jardim está cheio de flores de todas as cores. Ali há roseiras, hortênsias, e as enredadeiras cobrem a amurada da casa, tornando-a mais bela e fagueira. É domingo, e, apesar de não precisaram, o hábito os faz levantarem cedinho da cama, menos dona Letícia que, por sugestão de Bruna, fica mais tempo deitada. Enquanto Armando faz a barba, com a porta do banheiro aberta, Bruna, na cozinha, coa o café cheiroso. Sílvia põe a mesa, e Alice, acostumada também a se levantar cedo, brinca com seu gato de estimação. O desjejum é posto na mesa: café, leite, pão, geleia, lembrando o tempo em que morava com a mãe. Isso sem faltar o suco de maracujá, muito a gosto da família. Bruna prepara um lanche e o leva ao quarto, para a mãe, pondo na bandeja um vasinho com duas rosas rubras, para saudá-la.

— Mãezinha, as rosas representam a saúde, agora o lanche é para a senhora se fortalecer. Fiz tudo lembrando de quando éramos crianças e nos mimava, nos domingos, com manjares diferentes, lembra?

Dona Letícia sorri para a filha, enternecida:

— Obrigada, querida, não precisava se incomodar.

— Não é incômodo nenhum, é prazer. Mas ele só vai se concretizar se a senhora comer com vontade. Vamos, sente-se. Vou colocar mais travesseiros em suas costas, para ficar mais confortável.

E Bruna ajusta a mesinha da bandeja sobre as pernas da mãe, estimulando-a a se alimentar. Após atendê-la, Bruna volta à sala de refeições, onde os demais estavam terminando de se alimentar. Armando olha firme para a mulher e diz:

— Que tal almoçarmos em um restaurante pequeno e acolhedor? Quem sabe assim distrairíamos sua mãe.

Bruna sobressalta-se, fazia tempo que isso não acontecia. Nunca sobrava dinheiro para essas extravagâncias.

— É possível? Não vai onerar nossas finanças? Não vai faltar, no fim do mês, para as despesas?

— Claro que não — responde ele sorridente —, recebi uns extras que não estavam em nosso orçamento; logo, podemos nos dar ao luxo de cearmos fora. Merecemos, e sua mãe também.

Alice, que a tudo ouvia, em silêncio, olha séria para eles e indaga:

— Papai, mamãe, será que a vovó vai morrer?

O ar leve da manhã, saturado de aromas diversificados, provenientes do jardim e adjacências, além da paisagem emoldurada de sol com os montes debruados em ouro, desaparece ante a interrogação da criança. A estupefação toma conta de todos, e uma chuva de mal-estar e gelo cai sobre eles. Um silêncio incômodo invade a sala. Alice pronunciara a palavra fatal que todos temiam pensar em articular. Com grande esforço, mas com voz débil, Bruna, vencendo o espanto, retruca:

– Filha, filha... Que sabe deste assunto? Não pronuncie mais isso aqui, e muito menos quando sua avó estiver por perto. Está me ouvindo? Está proibida de falar.

– Mas, mamãe, a morte é um assunto tão certo quanto viver. Eu, por acaso, não morri e não voltei outra vez? Por que o medo? Se vovó morrer, nascerá novamente, como eu.

– Assunto encerrado – responde Armando, incomodado com a conversa.

– *Tá* bem – fala Alice, fazendo biquinho para chorar. – A gente nem pode conversar, gente grande é complicada mesmo.

Sílvia, que entrava na sala, ouve a criança resmungando.

– Por que gente grande é complicada, querida?

– Nada, tia, nada. Papai e mamãe estão bravos comigo. Eu nem posso conversar com eles. – E limpa as lágrimas que teimavam em molhar seus olhinhos redondos.

Sílvia toma-a nos braços, beija-a e faz carinhos nos seus belos cachos, alisando-os.

– Querida, quando você for grande, irá compreender os mais velhos.

– Não vou, não – exclama. – E não quero crescer, vocês são muito complicados.

Armando e Bruna ouvem, boquiabertos.

Dando por terminado o assunto, Bruna levanta para tirar a mesa, e Armando encaminha-se para a garagem, para colocar em dia o seu velho carro. Apenas Sílvia fica com Alice, consolando-a e tentando deixá-la bem.

Dona Letícia, ainda deitada, triste e apreensiva, pensa consigo: "Eu gostaria de morrer depois de ver Sílvia amparada por um braço forte de um companheiro que lhe desse segurança e que viesse a formar sua própria família, tendo seus próprios filhos".

A velha senhora ainda vivia de passado, como se amparo fosse ter ao lado um companheiro qualquer. Naquele momento, porém, o conceito tinha mudado muito no sentido de família. Nem sempre o braço de um homem representa amparo, conforto e segurança. Muitas vezes são as mulheres que fornecem isso aos familiares, requisitadas, como estão, para o trabalho fora de casa. Às vezes, os homens estão em empregos medíocres, ou desempregados, e são os braços fortes e trabalhadores das mulheres que mantêm o sustento da família. Acabou-se o tempo do patriarcalismo, quando tudo era movido em torno da figura do homem, que decidia, amparava, comandava. Muitas vezes, ele era obedecido, temido, e alguns, até odiados pelos familiares.

*****

O domingo passou em amenidades, com todos dando carinho e atenção à doce anciã. O almoço foi todo dirigido a ela – tanto as comidas que dona Letícia apreciava, como também a sobremesa.

Desconfiada, reclama:

– Para que tanto exagero? Eu não mereço. Vim dar incômodo para vocês: ocupei o quarto de Sílvia, e Bruna ainda tem de me levar a tiracolo pelos intermináveis exames laboratoriais, sem falar nos consultórios.

— Mamãe — reage Bruna —, a senhora só nos dá prazer. Lamento pela sua saúde, mas é prazer tê-la conosco. — E olhando para o marido: — Não é Armando?

Este, rápido, levanta-se, vai até a sogra e abraça-a com carinho:

— O que é isso, minha sogra? A senhora não nos é peso, ficamos satisfeitos com sua presença aqui. Fique o tempo que for necessário.

A senhora de cabelos grisalhos e de fisionomia cansada tem solidão e tristeza nos olhos lacrimejantes. Foi preterida pelo marido, trocada por uma rival, mais nova e dona do mundo, enquanto ela viveu somente para os seus. Com a separação, arcou com a responsabilidade de manter os filhos dignamente no colégio e na sociedade da cidadezinha interiorana, suportando a dor da falta de amor do marido passional, que saíra atrás de novas ilusões. Bruna e Sílvia, emotivas, deixam que as lágrimas lhes molhem o rosto sincero e honesto. Se pudessem, impediriam o sofrimento daquela mulher que enfrentara o mundo com bravura e que, agora, na velhice, era vítima dessa enfermidade que sabia-se lá se era grave.

Já de volta do restaurante, Bruna ajeita a mãe na cadeira de balanço, dá a medicação na hora certa e a cobre até os pés com uma manta fina.

À tarde, dona Esmeralda vai visitá-los e conhece dona Letícia. Ambas se entretêm com um bom papo, cujos assuntos vão do agradável ao hilário, fazendo dona Letícia passar horas alegres. Armando vai da garagem ao pequeno jardim, ocupado em arrumar aqui e ali, com prazer, colocando em dia o que estava por fazer em casa.

O crepúsculo começa a rodear a casa com sua sombra suave. Uma brisa fresca penetra pelas janelas entreabertas. O céu está um primor: o anil contrasta com penachos de nuvens brancas, enquanto o horizonte adorna-se de fagulhas douradas que enfeitam o entardecer.

Dona Esmeralda despede-se de todos, com a promessa de voltar outro dia. Assim termina o domingo.

É segunda-feira. A aurora tem um toque de beleza; o Sol, no seu esplendor, ilumina e aquece a terra; pássaros cantores chilreiam nos galhos das árvores, enquanto borboletas coloridas pousam nos jardins em flor.

Na casa dos Almeida, a bagunça é grande, todos concorrendo ao mesmo banheiro. Sílvia e Armando arrumam-se para o serviço; Alice, para a escola, e Bruna, para levar dona Letícia aos exames marcados. O carro de Armando sai lotado, e ele graceja, dizendo que dirige um miniônibus. Dona Letícia, corajosa, enfrenta com eles o tráfego de cidade grande: freia aqui, acelera ali, numa corrida louca contra o tempo, até cada um chegar ao seu destino. No leme do carro, firme, o timoneiro Armando, dirigindo com maestria.

– Nossa! – diz a mãe de Bruna, descendo do carro na frente das "Clínicas". – Nunca pensei enfrentar um tráfego tão nervoso e barulhento, parece uma competição nem sei de quê.

Despedem-se de todos, e Bruna a conduz ao local onde estavam os laboratórios e o aparelho de mamografia. Dona Letícia passa o dia à mercê dos exames. Teve ainda de fazer pequena incisão no seio, para colher material, a fim de detectar a natureza do tumor. Bruna, que não esperava ficar tanto tempo, telefona para o marido, comunicando o inesperado da hora, como também telefona à Sílvia, para que tome conta de Alice.

Voltam todos ao entardecer, novamente lotando o carro de Armando. O tráfego, como sempre, está agitado e barulhento, com todos querendo chegar ao seu destino ao mesmo tempo. Armando passa na padaria "Dona Nona" e compra pizza e refrigerante para o lanche da noite, já que todos haviam almoçado na cidade.

Alice foi a que mais curtiu o dia incomum, pois ficou o tempo inteiro fora de casa, em companhia de Sílvia, na empresa de desenhos arquitetônicos em que trabalhava.

Dona Letícia, silenciosa, ouve a tagarelice da neta.

– Oba! – diz esta, batendo palmas. – Com a vovó aqui tudo mudou, em vez daquele leite ruim que tenho de tomar, vou comer pizza com refrigerante.

Todos riem com gosto da alegria da menina.

Entrando em casa, dona Letícia e Sílvia vão para o quarto, prepararem-se para o lanche. Armando chega perto de Bruna e aperta-a contra o peito, beijando-lhe os lábios, com ternura:

– Logo, logo, teremos mais um bebê em casa...

– Com a chegada de mamãe, esqueci-me de que trago em mim mais um ser para cuidar e amar. O ginecologista, após a ecografia, disse que já estou na nona semana e que o bebê passa bem, mas não falemos nada à mamãe. Não quero preocupá-la. Ficará mais aflita se souber que estou grávida. Guardemos para nós o segredo. Se tudo correr bem, poderemos alardear a todos. Caso contrário, aquietemo-nos, pois temos problemas para o futuro. Queira Deus que os exames dela tenham sido bons; do contrário, provas árduas nos aguardam.

Armando mais uma vez aperta a mulher entre os braços, querendo dar-lhe mais proteção.

– Querida, aconteça o que acontecer, eu estou aqui, não esqueça, e a amo muito, mais do que imagina.

Bruna, vendo-se motivo de carinho e amor, sente os olhos encherem-se de lágrimas ardentes.

O lanche corre sem grandes novidades. A pizza é apreciada por todos, que elogiam "Dona Nona". Depois passam para a sala de estar, onde Sílvia serve um cafezinho, substituindo Bruna na cozinha.

*****

Os resultados dos exames demoraram mais de uma semana para ficarem prontos. Enquanto isso, Bruna aproveita para, na quinta-feira, ir à casa espírita e fazer uma consulta para a mãe. Recebe passe, assiste à palestra e espera o resultado da consulta, que vem logo.

A receita vem em letra legível: água magnetizada, passes e praticar o Evangelho no Lar e que tivesse muita fé. Ao ler a mensagem, pensa:

"Meu Deus, preciso preparar mamãe para receber passe e fazer o culto do Evangelho, isso vai nos amparar e nos dar respaldo do mundo espiritual".

Automaticamente lembra-se de tia Ângela, que a havia sempre amparado em todos os momentos difíceis, e no mesmo instante sente uma doce aragem perfumada passar por ela, dando-lhe certeza de sua presença.

"A vida lhe foi madrasta", pensa Bruna, "roubou-lhe o marido, ficou com todo o encargo da educação dos filhos, lutou com dificuldade com a separação de papai, fez bolos e frios para vender, a fim de nos manter condignamente. Agora, na terceira idade, quando podia usufruir da vida com serenidade, é surpreendida por essa doença."

Balançando a cabeça para afugentar maus pensamentos, argumenta consigo mesma: "Ainda bem que sou espírita, senão, como iria enfrentar outra adversidade? Que digo?! Nossa, já me considero espírita!"

E, ainda ruminando, prossegue:

"Está aí uma coisa que sinto verdadeiramente: sou espírita. De alma e coração! Aprendi a amar essa doutrina de consolo e iluminação, que nos ensina o porquê de tudo. E mamãe, onde se encaixa no nosso drama do passado? Quem foi? Qual a sua participação na nossa existência pretérita? Não consigo encaixá-la no clã".

Oscilando a cabeça de um lado para o outro, segue em frente para tomar o ônibus de volta para casa, levando a água magnetizada para sua mãe.

Letícia e o conhecimento espírita

Bruna, nos dias que antecediam os resultados dos exames, conversou longamente com a mãe sobre assuntos espíritas, enfocando o além-túmulo com naturalidade. Dona Letícia surpreendentemente aceitou tudo com interesse. O passo seguinte foi levá-la ao centro espírita, onde contou com o apoio de dona Esmeralda, que levou alegria e otimismo à família nesses momentos de expectativa.

Mesmo Armando, que não a via com bons olhos, recebe-a com carinho, destacando sua atenção e reconhecendo na senhora espírita honra e gentileza – enfim, uma pessoa de bem, e passa a respeitá-la e até a admirá-la pela firmeza de caráter e pela sua convicção religiosa. Até esse momento ele já tinha descoberto os livros da codificação que Bruna vinha estudando e também tomara conhecimento das visitas semanais que ela fazia à casa espírita. Antes arredio, obstinado, agora mais acessível, até já dera alguma olhada na obra O *Livro dos Espíritos*, como quem não queria nada, e achou os assuntos interessantes, bem organizados.

O primeiro capítulo, que se referia a Deus e à sua existência, entendeu-o de bom senso e de especulação profunda, tendo lógica e fundamento. "Deus – inteligência suprema, causa primária de todas as coisas".

No começo da semana, Armando buscou os exames e os entregou ao clínico. O médico olha-os apreensivo e, procurando palavras para não chocá-lo, diz:

– Temos um problema, os exames deram positivo; sua sogra possui um tumor maligno. Sugiro que se faça uma cirurgia o quanto antes, a fim de que não haja metástases. Depois, as sessões de quimioterapia evitarão que a doença se espalhe pelo organismo. Temos de correr com os exames pré-operatórios. O tempo urge!

Armando, com o impacto da notícia, fica boquiaberto, sem conseguir dizer nada. Até que, saindo daquele torpor, arrisca uma opinião:

– Doutor, será que tem mesmo de fazer a cirurgia? O tratamento quimioterápico não resolveria?

– Armando, sou de opinião da extirpação total da mama, para impedir futuros problemas. Além disso, após a operação ela será acompanhada por psicólogos; temos contrato com clínica dessa área.

Quando Armando toma conhecimento do tamanho da

operação, fica branco como papel; apenas Bruna lhe vem à mente. Como falar, explicar a gravidade do caso de sua mãe? E como a família iria reagir à notícia? Quanto mais pensa, mais apreensivo fica. O médico, ao vê-lo daquela forma, tenta acalmá-lo:

– O que estamos propondo é para aumentar o tempo de vida de sua sogra. Vamos, homem, reaja. Prepare-se para dar a notícia sem passá-la com o seu nervosismo. Enquanto há vida, há solução. A medicina nasceu da necessidade de curar e aumentar a longevidade do ser.

Mais animado com as palavras do médico, Armando reage diante daquilo que lhe parecia um caso sem solução.

– Doutor Carlos, o meu pavor é de como dar a notícia à minha mulher, que está grávida de quase três meses. Não haverá perigo de ela ter uma ameaça de aborto com tudo isso que o senhor me relatou? Coitada, estava tão esperançosa de que o tumor não fosse maligno. E a minha sogra, então, definhando a cada dia, com medo do resultado, até parece que pressentia que o que tinha não era bom.

– Armando, vou repetir pausadamente: isto não é o fim do mundo. Ao contrário, é para lhe preservar a vida que estamos usando esse procedimento. Então, em todo caso, traga-a amanhã ao meu consultório, para conversarmos. Vou prepará-la para a cirurgia. Mas a cara que você está prenuncia desgraça. Antes de chegar a casa, dê uma volta no quarteirão, tome alguma bebida quente para relaxar, aí enfrente os problemas. Garanto que a reação delas será bem melhor que a sua. As mulheres suportam bem mais as adversidades.

O médico ficou mais de trinta minutos serenando o rapaz e

confirmando que tudo sairia a contento. Armando faz exatamente o que o médico recomendara e, depois de meia hora, aparentando tranquilidade, entra em casa com o paletó na mão, assobiando, dando a entender que tudo estava bem. Bruna, que conhecia o marido, estranha o excesso de descontração. Quando ele exagerava, era que alguma coisa não ia bem. Olha-o bem dentro dos olhos:

– O que foi, querido? Tudo bem? Como foram os exames de mamãe?

Armando, disfarçando, não a encara, mas seu rosto poreja de suor.

– O médico nada me adiantou. Disse que espera vocês, amanhã, para conversarem.

Bruna coloca a mão na boca para não gritar e sai correndo para o quarto, debulhando-se em lágrimas, seguida por Armando, que não sabia despistar. Atira-se na cama e chora convulsivamente, desolada, antevendo o sofrimento para a mãe, que adora. O marido, sem argumento, alisa-lhe o cabelo, sem palavras que possam acalmá-la e, silencioso, chora também, extravasando a sua dor.

– Querida, eu não sei bem o que é, não saberia lhe contar, mas é bom que se prepare, as notícias não são boas, posso lhe afirmar. A doença de sua mãe tem solução. Você, que vive envolvida com o Espiritismo e que diz ser consolador, deve, mais do que nunca, se tornar forte e corajosa, para o que der e vier. Além disso, temos um filho em seu ventre, é preciso calma e serenidade, a fim de que ele nasça forte e sadio.

– Ah! – exclama Bruna, com lágrimas nos olhos. – Pobre mamãe. Como vai encarar essa provação?

— Não vamos nos precipitar, vamos ouvir, amanhã, o médico, que a conduzirá ao entendimento melhor do que nós.

Alice, espevitada, entra correndo no quarto, sem bater à porta. Quando os vê de olhos vermelhos, estaca em frente da cama, sem saber se entra ou se sai. Até que Armando, vendo o espanto dela, a chama, para terem uma conversa adulta.

— Já sei – diz ela, com os olhos muito abertos. – Vocês choram pela vovó, não é?

— Sim – responde ela –, vovó está doente e precisa muito de nós. Você não deve incomodá-la com perguntas, com excesso de curiosidade, ela não pode saber que... – E não completa a frase, chorando.

Bruna, ansiosa, insiste com a filha:

— Alice, prometa que não vai falar nada à sua avó. Promete?

A criança, com atitude de adulta, olha os pais e fala bem baixinho:

— Mamãe, papai, lembram quando eu era bem pequenininha e adoeci? – E mostrava com a mão o seu tamanho.

— Sim.

— Pois, como daquela vez, sonhei novamente com aquele médico de barbas brancas, e ele me disse que vinha buscar vovó para viver em um lugar muito bonito – e com a mãozinha mostrava o céu –, onde não existe dor nem doença, assim como fui embora, quando eu era Luciene.

Bruna, já conhecendo esses sonhos premonitórios da filha, entendeu que sua mãe estava de partida. Armando, menos sensível, quis argumentar com a menina, mas Bruna colocou a mão em seus lábios:

– Não, querido, não diga nada. Alice tem mais compreensão dessas coisas imortais do que nós mesmos. – E, voltando-se para a criança, suplicou: – Filhinha, não conte para ninguém o que conversamos hoje. É o nosso segredo, está bem assim?

A criança entendeu a gravidade do assunto e movimentou a cabeça em sinal positivo.

A preocupação e o desencanto pela vida tinham precocemente envelhecido dona Letícia, que parecia ser mais velha do que era. Bruna, usando de muito tato, levou-a a banhar-se e com jeito falou-lhe da necessidade de, no outro dia de manhã, irem ao consultório médico, para entendimento mais preciso. Depois de banhada e arrumada, Bruna leva-a ao quarto e pede para ela aguardar, pois estava preparando uma sopa quentinha para ela tomar. Coloca uma bolsa quente em seus pés, afofa os travesseiros e as cobertas. Na hora em que ia se retirar, dona Letícia pega-a pelo braço e pede-lhe para sentar na poltrona em frente à cama e, com tranquilidade, fala:

– Filha, meus pressentimentos não falham, já sei que meu caso é grave. Ontem sonhei com Ângela, que me falou da outra vida, tal como você sabe pelos seus livros. Oh, querida! Foi um sonho lindo e ímpar. Conheci um lugar jamais visto, onde as estrelas são mais belas, e a natureza, ah... um primor! Sentei-me em uma praça atapetada de gramíneas, bordadas por coloridas boninas. O ar, embalsamado por fragrâncias misteriosas e desconhecidas... tudo lá me parecia bom e belo. Filha, se eu me for, viverei em outra dimensão, farei uma viagem longa, mas serei feliz, e, por nos amarmos, estaremos sempre juntas pelo pensamento, porque quem ama nunca esquece.

Bruna admira-se dos conceitos criteriosos de sua mãe. Suas conversas de imortalidade haviam surtido efeito. Explicou com convicção e, ao mesmo tempo, sentia a proximidade da tia desencarnada, animando-as e preparando-as para a despedida. Bruna, amparada por Ângela, não derrama nenhuma lágrima e, para deixar o ambiente leve, caçoa da mãe:

– Ah, dona Letícia, viajando sem comprar passagem, hein? E quem disse que vai nos deixar? Quando a nossa hora chegar, veremos. Por enquanto, vamos lutar, porque o objetivo da doença é nos dar força para lutar contra ela e vencê-la. Mas fico contente de saber como a senhora encara a vida hoje, isso é muito bom.

– Quanto a Sílvia... – falou a mãe, reticente...

– Vai muito bem, obrigada. Quando se formar, ganhará bem mais!

Dona Letícia acaba rindo, desanuviando-se da preocupação. Bruna, com o rosto afogueado de tantas emoções, tem os olhos brilhantes e esperançosos. Vai até a cozinha e prepara um caldo revigorante, ainda sob a influência benéfica de Ângela, espírito feliz. Sente-se confortada e fortalecida para os embates que a vida lhe prepara.

Letícia desencarna

Tudo o que o médico havia explicado a Armando repetiu para dona Letícia, já preparada para o resultado. Após esse encontro, ela foi hospitalizada, fez a cirurgia, extirpou todo o seio e parte dos músculos do braço, já afetados pela enfermidade, porém após trinta dias da operação, não suportando, desencarnou, sob os cuidados dos filhos amorosos que a ampararam até o fim. Para o seu enterro, veio o filho, do interior, acompanhado da esposa, que prantearam seu desencarne com muita dor pela separação. Bruna, corajosa, suportou tudo, amparada pelos seus amigos espirituais, aguardando o nascimento de seu filho André, coroando assim a família com mais um membro.

Enquanto uns voltam para a dimensão espiritual, outros vêm ao mundo para novas empreitadas.

Persuadido pela mulher, Armando começa a frequentar a casa espírita aos sábados nas sessões públicas de passe e doutrina. Mergulha profundamente no estudo dos fundamentos do Espiritismo e, com três anos de frequência assídua, é convidado pelo departamento doutrinário da casa a expor seus conhecimentos nas reuniões públicas. Participante ativo do clero em outras existências, não teve dificuldade para enfrentar a tribuna. Com o tempo, o departamento espiritual o conduziu às reuniões mediúnicas. No começo, teve um certo receio e um frio no estômago, que o fez recuar, ligando-o mentalmente à tortura do passado, quando, como médium natural, servira aos planos inferiores. Quando a coordenadora, em entrevista, o convidou às tarefas mediúnicas, apenas como principiante, Armando vacilou novamente. Suores frios percorreram-lhe o corpo inteiro, e um pânico desconhecido tomou conta dele, enquanto imagens difusas e confusas passavam-lhe celeremente pela mente.

– Meu Deus! – exclamou ele –, estou tendo visões, é como se o passado longínquo, que se perde na ampulheta do tempo, voltasse a me incomodar.

– Mas, de qualquer forma, o convite está feito. Avise-me quando se achar pronto para começar.

Armando, que não havia se recomposto de todo, ficou alguns minutos refletindo sobre o convite, examinando as sensações desconhecidas que experimentara.

Nesse dia Bruna havia ficado em casa, porque Alice estava gripada. Eram vinte e uma horas quando Armando chegou, cabisbaixo e pensativo. A noite estava bordada de estrelas num céu de anil, e a lua prateada clareava os telhados das casas, convidando o ser humano a examinar a criação de Deus e a entender os arquivos de aprendizagens nas existências sucessivas. Era começo do verão, mas uma brisa agradável contrastava com o calor.

Bruna, que vinha do quarto de Alice carregando uma bandeja de madeira com o lanche da menina e alguns remédios, dá com Armando, ainda silencioso e pálido.

– Oi! – diz, alegre. – Você já chegou! Que bom! Vou preparar o seu lanche. Venha, sente-se, tire o paletó. Quero saber como foi lá no centro. Até estas alturas, Armando não tinha sequer pronunciado uma só palavra. Bruna estranhou, ele que cada dia mais se entusiasmava com o Espiritismo, com o estudo e com a explanação modesta que fazia.

Parando de tagarelar, ela arrisca uma pergunta:

– Aconteceu alguma coisa lá no centro? Chegou tão tristonho, o que foi? As coisas não saíram como planejou? Não foi a contento?

Ao mesmo tempo em que fala prepara o café, reforçado com leite, mel e queijo.

Armando, que calmamente tirara o paletó e o colocara no espaldar da cadeira onde se sentara para o lanche, com o rosto entre as mãos, começa a falar:

– Hoje, aconteceu-me algo inusitado.

E aí vai relatando minuciosamente o que se passara na entrevista. Bruna, que saíra da cozinha, senta-se junto do marido, afaga a cabeleira farta e negra, acaricia a face bem barbeada e, olhando bem dentro dos seus olhos, diz:

– Querido, há muito tempo tive um desprendimento que achei ser um sonho... Fui com tia Ângela a um lugar muito bonito resgatar o elo perdido num passado distante e conhecer a razão do nosso presente. Guardei-o na memória, em cenas de fogo e sangue, e sei que não foi por acaso que você, Sílvia, Alice e eu nos reunimos outra vez.

– Querida, quando Célia me convidou para as sessões mediúnicas, dei um giro de 360 graus. Ansiedades, agonias, torpores envolveram-me por inteiro, e vultos escuros, homens de capuz apareciam da tela de minha mente, colocando-me em choque.

– Querido, não vou lhe relatar tudo, mas, no passado, pertencemos à Igreja, tendo eu sido freira, e você, padre, forçados a tomar votos clericais por faltarem nossos pais e também para abocanharem nossa herança. Fomos muito infelizes. Ao mesmo tempo, talvez por ignorância, praticamos muito mal, traições mesmo, que não nos convém recordar, por ora.

Armando, ao prestar atenção ao que Bruna relatava, teve sensação semelhante à que o tomara de surpresa no centro: torpor, suores frios, medo, muito medo. Automaticamente, desabotoa a camisa, abre a janela para o pátio cimentado e põe-se a respirar a longos haustos. Bruna, em prece, suplica ajuda a tia Ângela, que, já estando no ambiente, a intui a magnetizar água para Armando tomar.

– Bruna, Bruna... – fala Armando, alarmado –, será isso mediunidade? Meu Deus, eu não quero possuí-la! Já pensou se isso acontece lá no escritório? Vão pensar que estou louco e desequilibrado, e eu não posso adoecer. Eu? Não! Eu, não!

Bruna, mais relaxada, olha o marido com um certo sabor de riso e o admoesta:

– Calma, Armando, calma. Quem disse que precisa trabalhar com a mediunidade? Por acaso eu, que mergulhei nas tarefas mediúnicas, me tornei desequilibrada ou doida? Talvez no começo da manifestação tenha tido problemas de foco para distinguir a paranormalidade e, por isso, certos desequilíbrios, mas as sessões de educação mediúnica estão aí para nos educar, ensinando-nos a comandá-las. Além do mais, querido, estou sabendo, por via intuitiva, que você não terá mediunidade ostensiva[4], mas vai desenvolver a inspiração, que o ajudará nas exposições públicas, e, mais tarde, você poderá utilizá-la nas sessões mediúnicas, ao falar com os espíritos desencarnados necessitados de socorro.

Armando, que ouvia com atenção as palavras da mulher, fica mais tranquilo, mas acaba perdendo o apetite. O intelectual, naquela hora, estava sobrepujando o material.

Sabendo com antecipação que algum dia auxiliaria entidades espirituais, Armando mergulha nos estudos preparando-se para a magna tarefa de conversar com os espíritos. Após se acostumar com a ideia de frequentar as sessões mediúnicas, amadurecendo o psiquismo na certeza de que teria de enfrentar o invisível como forma de reabilitação, cria coragem e apresenta-se ao departamento espiritual, colocando-se à disposição para o trabalho.

Dona Célia, mulher de altas qualidades morais, assente com alegria a decisão dele.

---

4 A mediunidade é inerente a todos os seres humanos; no entanto, algumas pessoas têm essa faculdade em maior grau, ou seja, conseguem interagir com a espiritualidade com mais facilidade.

Armando e o Espiritismo

Entre as atividades materiais em busca do pão de cada dia e as atividades espirituais, alimentando-se do pão espiritual, Bruna educa-se sobremaneira na mediunidade psicofônica e de desdobramento, trazendo, com isso, informações e esclarecimentos preciosos para o entendimento de todos os que frequentam a reunião mediúnica. Armando, por sua vez, depois que aprendeu a conduzir o diálogo com os desencarnados, por sugestão dos benfeitores, foi encaminhado ao setor de orientação a doentes do corpo e da alma, indicando, muitas vezes, além dos passes e da água magnetizada, ervas para este ou aquele mal. Com isso resgata o passado, quando a mediunidade foi usada para causar o mal. Alice, que foi sempre médium, sonha, vê, ouve os espíritos com naturalidade, fazendo estes parte de sua vida cotidiana.

Conduzida, a princípio, à evangelização infantil e posteriormente à juventude da casa, só mais tarde, quando completou dezesseis anos de idade, foi convidada às tarefas mediúnicas, a conselho da presidente, por desabrochar, com certa intensidade, a mediunidade de efeitos físicos que a acompanhava desde outras existências. Os efeitos apresentavam-se a princípio com pequenos estalidos no seu quarto; a seguir, com movimento de objetos, a olhos vistos. Na escola, na adolescência, teve muitos aborrecimentos, quando os objetos escolares apareciam e desapareciam como que por encanto da sua classe e apareciam em outro lugar distante. Para Armando, a mediunidade de Alice e Bruna eram comprovações contundentes da imortalidade da alma e do mundo espiritual.

Houve na vida da família Almeida momentos de muita dificuldade. A empresa onde Armando trabalhava, com o desencarne do dono e com a administração desastrosa do filho mais velho, acabou indo a falência. Mário, estouvado e esbanjador começou a tirar quantias e mais quantias da empresa, sem equilíbrio e bom senso. Alertado por Armando, que chefiava a contabilidade, ficou furioso, ameaçando dispensá-lo. Não se passaram seis meses e a empresa entrou em falência. Até as reservas mínimas foram consumidas pelo rapaz, que da vida só conhecia segurança, bem-estar e fortuna. O pai, imprevidente, não o preparara para a vida. Quando lhe anunciaram a falência, o jovem arregalou os olhos, estufou o peito como se estivesse cheio de razão, tomou do chapéu de feltro e dirigiu-se à rua, para tomar ar.

Armando, funcionário antigo e controlado, via com pesar

a ruína do trabalho ao qual se dedicara a vida inteira. Por ser previdente, possuía algumas economias com que sustentaria a família até arranjar um novo trabalho.

A essa altura, Alice fazia Faculdade de Belas Artes, sem grandes custos. Sílvia, formada em Arquitetura, já estava casada. Nesse dia, Armando chega cedo a casa e tenta, ao máximo possível, digerir o acontecido. Vai direto à sala onde mantém um pequeno escritório e onde guarda seus pertences e os da empresa. E lá fica por um bom tempo. Bruna, que o conhece bem, estranha e vai logo interrogando:

– Algum problema na empresa, querido? Você chegou tão cedo...

Armando, que estava absorto, levanta os olhos para a mulher que havia escolhido para passar a vida toda e pronuncia fracamente:

– Querida, temos problemas.

Bruna, atualmente desconhecendo essas palavras nos lábios do marido, indaga apenas com um movimento dos olhos, e ele, sentando-a no colo, costume muito comum entre eles, quando estão sozinhos, acaricia seus cabelos fartos caídos com elegância até os ombros, beija suavemente seus lábios, ainda belos, da cor de morango, passa os braços em torno do seu corpo, como a lhe dar força, e diz:

– Tivemos problemas na empresa. Mário, o filho do senhor Maurício, muitas vezes foi por mim avisado dos excessos, por tirar, a cada fim de semana, vultosas quantias para seus divertimentos. Acabou quebrando a empresa. – E, respirando fundo, resume: – Querida, seu Armando está desempregado.

– O quê? Você perdeu o emprego? Mas como isso foi acontecer, depois de tantos anos na empresa? Você até ganhou uma placa pelos serviços prestados, lembra?! Fizeram uma festa em sua homenagem. – E as lágrimas teimam em molhar os olhos castanhos e bonitos de Bruna. – Não consigo entender como... Não era uma firma poderosa? Você não estava sempre a enaltecê-la? – E as lágrimas caíam-lhe em cachoeira pela face.

– Calma – fala o marido, tentando tranquilizá-la –, calma.

– Calma? – diz Bruna, alterando a voz. – Como?! Você está desempregado e me pede calma?

– Eu nunca quis preocupá-la – diz Armando –, mas eu já previa isso, por isso vinha reservando tudo o que sobrava do nosso orçamento, para futuros problemas. Hoje o caixa juntou todos os documentos e me apresentou a falência.

O rapaz estava brincando de executivo, nunca passou por adversidade, achou que a fonte jamais se esgotaria. Filho único, mais criado com a babá do que com a própria mãe, às voltas com beneficência ou em clubes disto e clubes daquilo, deu no que deu. Hoje, quando foi por nós notificado da falência, não disse nada, ficou branco como papel, sem saber o que fazer. Tomou o chapéu e saiu desabaladamente da empresa. Sabe-se lá para onde foi. Não me deu tempo de ajudá-lo com palavras de encorajamento. Não tendo mais nada a fazer, vim para cá, a fim de, mais sereno, captar influências benéficas dos amigos espirituais. Vi esse menino crescer cheio de vontades, mas nunca supus que, na juventude, se tornasse leviano. É a colheita do que se plantou. Seu Maurício nunca se importou com outras coisas que não fossem negócios e mais negócios. Quando soube que eu era espírita, caçoou de mim, dizendo que eu virara crente e que isso não era bom para a firma, pois torna as pessoas fracas, moles e desinteressadas da vida material.

Bruna quase não ouvia o que o marido dizia, pois ele mais pensava alto do que realmente conversava. E ele continuava:

– Está aí o resultado, cultivou a matéria e esqueceu do espírito.

André, que os vira e ouvira parte da conversa, veio de mansinho, quase temeroso, chegando com os olhos bem grandes, e falou:

– O que foi, mamãe? O que foi, papai? Alguma coisa com Alice?

– São coisas lá da firma, vá brincar, deixe as preocupações para os adultos.

A criança, quando viu que o assunto não lhe interessava, voltou às suas brincadeiras.

– Bem, querida, a doutrina que abraçamos nos dará força e coragem para não naufragarmos no desânimo e na desesperança. Confiemos em Deus e nos benfeitores que haverão de nos auxiliar dando sugestões.

Nesse mesmo instante chega Alice, com sua alegria esfuziante. Tornara-se uma bela moça de cabelos cacheados, brilhantes, irisados pela luz do Sol. Usa-os curtos, à moda da época.

– Oi, mãe... Estou louca de sede. Tem alguma coisa na geladeira? – E, enquanto fala, abre-a, de lá tirando um suco fresquinho de maracujá.

André, que ouve a voz melodiosa da irmã, solta os brinquedos no pátio e vai correndo ao seu encontro.

– Oi, Deco! – diz ela, abrindo os braços para retê-lo.

– Oi, mana! Já estava com saudades.

– Deco, Deco, nada de excessos, hein? – fala Alice. – Você não vai pensar que vou ficar solteirona para cuidar de você. Quero casar, ter filhos e viver uma vida normal por este Brasil maravilhoso. Terra de Sol e mulatas e dos contrastes climáticos ímpares.

Enquanto isso, o menino de pele dourada abraça a irmã, fraternalmente.

– Aí, quando casar, irei morar com você, se mamãe permitir.

– Ah... Seu bobo! – diz Alice, apertando as bochechas do menino. – Por acaso pensa que se me casar vou gostar menos de você? – E abraçando a bela criança, argumenta: – Também você, quando for grande, bonito como é, há de encontrar alguém com quem queira dividir a vida.

– Tá bem, tá bem... – diz o menino, amuado.

– Mamãe! Cheguei! – fala, alto, sem saber bem onde a mãe está.

Bruna sai do escritório e, a passos ligeiros, encaminha-se na direção da filha.

– Não precisa se anunciar; pelo barulho que faz já sabemos que é você, e também pela correria do André, cujo apego a você me causa ciúmes.

– Mamãe, mamãe... Não acredito que fale assim de coração.

Bruna, que trazia a fisionomia triste, se abre num sorriso de desculpa.

– O que vejo? – diz Alice, na sua algazarra de menina-moça.

– Esta aparência triste? O que foi? Não me esconda nada,

porque a senhora bem sabe que os bons espíritos acabam sempre me contando. E tem mais – e enquanto fala, afaga os cabelos fartos da mãezinha querida –, para tudo há solução. Vamos, comece a falar...

Bruna abraça a filha:

– Vamos, querida, ao escritório. Seu pai mesmo irá lhe dar a notícia.

– Hum! – faz a moça. – Papai já está aqui? Então é sério mesmo?

Bruna, meneando a cabeça, concorda. Abrindo a porta do cômodo, faz a filha entrar. O pai, ainda pálido, mas sereno, recebe-a com um abraço e a beija na face, ela sempre lhe fora a preferida. Sentada no colo da mãe, que estava na poltrona, ouve, enquanto Armando relata o problema.

– Papai, conheço seu temperamento. O senhor não vai fraquejar, e trabalho é coisa que jamais lhe faltará, principalmente pela capacidade e responsabilidade com que o senhor encara o serviço. Quando comentava que Mário era inconsequente, logo vi que a firma iria naufragar, mas eu não quis fazê-los sofrer por antecipação. Posso trabalhar, gosto de ensinar pintura para meus colegas. Ah – fala entusiasmada –, temos os meus quadros e, se eu os expuser, garanto que vai dar uma boa nota, e, além do mais, o sótão está abarrotado com eles. Assim, teremos mais espaço na casa. Que tal, mamãe?

– Pare, Alice, pare – diz Armando, levantando-se, bravo. – Só porque perdi o emprego, você não vai dirigir a nossa vida. Atente, querida... Não estou inválido, lembrem-se, apenas perdi o emprego.

– *Tá* legal, paizinho, eu só queria ajudar e mostrar a vocês que há muitas opções na vida. Por acaso, ela não é de "perdas e ganhos"?

– Filha, deixe-me falar. Tenho algumas economias, que não são poucas, e penso em estabelecer meu próprio negócio. Finalmente, com isso, vou realizar o meu sonho de administrar uma coisa que me pertença. E aí, o que acham?

– Legal, papai, *tá* aí uma coisa que veio a calhar: "mal de uns, bem de outros".

– Não diga isso, minha filha, não podemos tripudiar em cima das desgraças alheias.

– Oh... Mamãe! Não estou falando por mal. Mas que é verdade... ah, isso é.

– Querida – diz Armando à filha –, quanto a expor seus quadros, pensando bem... até que não é má ideia, concordamos. Lembra que Sílvia há muito deseja patrociná-la?

– É mesmo... Vou logo telefonar para ela, que vai adorar.

– Filha, filha – correm os pais atrás dela –, tenha cuidado ao falar. Veja se não diz, de chofre, que perdi o emprego – diz Armando.

– Que nada, papai. Vou fazer é suspense, vou mandá-la vir aqui para combinar a *vernissage*.

A vivacidade da moça levanta o ânimo dos pais, que, entusiasmados e cheios de ideias, sentam-se à mesa para planejar a nova vida.

Sílvia, cutucada pela sobrinha que ajudara a criar, deixa os filhos com o marido, pega seu carro e zarpa para a casa da irmã;

coloca uma echarpe na cabeça, abre o teto solar do carro e deixa que o vento a acaricie. O crepúsculo está matizado de cores no céu de anil, e o Sol, no horizonte, saúda o dia que se despede.

Uma nova etapa

À porta da vivenda, André a espera com seu cachorro Fila de estimação. Sílvia estaciona o carro junto à calçada e, de calça *jeans* e camiseta branca, salta, ligeira. Abre o portãozinho que separa a casa do jardim, toca na cabeça de André e, fazendo uma carícia, cumprimenta-o:

– Oi, Deco, como vai? E este cão de pêlo lustroso, tudo bem? E o pessoal?

– Estão na sala esperando por você. Tia, *tá* um alvoroço, parece que papai perdeu o emprego.

– Nossa! – diz Sílvia aflita.

Alice vai ao seu encontro e abre a porta.

– Oi, querida, já sei do acontecido. Armando perdeu o emprego.

E a sobrinha, boquiaberta:

– Como sabe? Quem lhe falou?!

– André, claro, estava na frente da casa com o cão dele.

Bruna, que preparava um cafezinho para esperá-la, de mãos no avental, corre para receber a irmã. Armando estava sentado, sentado ficou. Trazia a fisionomia serena e até sorriu com a peça que André havia pregado neles, na sua infantilidade.

– Olá, cunhada! Fiz tanta recomendação a Alice para que não lhe adiantasse nada pelo telefone sobre a minha situação, e André, que parecia não ter prestado atenção em nada, antecipou a nossa conversa.

– Vamos – fala Sílvia, aflita –, contem-me como foi isso. Mas, pelo visto, ninguém se abalou, estão calmos e até bem-dispostos.

– Calma, cunhadinha... É que a primeira impressão já superamos. Bruna já chorou bastante, mas foi com a chegada de Alice que tudo melhorou, e até fizemos planos, espero que você também se entusiasme.

E aí expõem o que haviam combinado.

– Desculpem-me, mas atribuo essa boa disposição de esperança e encorajamento ao fato de estarmos sob influência do Espiritismo, que nos ensina a não desanimar. Afinal, a vida é feita de experiências e aprendizados – fala Sílvia. – Vou colocar minha cabeça a funcionar e, com Márcio, faremos contatos. Não podemos perder tempo. Amanhã mesmo pedirei à minha secretária para fazer contato com as imobiliárias, para você montar o seu escritório, Armando. E eu serei sua primeira cliente, levarei nossa contabilidade ao seu escritório e, pensando bem, assim, por alto, acho que já tenho umas oito pessoas na mira, para você prestar serviços contábeis, entre nossos amigos e colegas da área de Arquitetura. – E virando-se para Alice, sua fisionomia se ilumina: – E quanto a você, querida, estou exultante, afinal vou ter o prazer de montar uma mostra com os seus quadros na galeria, e teremos uma noite inesquecível. Convocaremos a imprensa escrita, falada e televisionada para dar cobertura à sua primeira exposição.

– Ai, tia, assim me assusta! Será que verdadeiramente tenho talento? E se a exposição for um fracasso?

– O quê! – exclama Sílvia – Olha só de quem vem a hesitação! Justamente de quem sempre tem, na ponta da língua, uma solução. Ah! Eu sei que não vai ser um fracasso, mas, se for, partiremos para outra. Não é você que diz que em cima de fracasso tiramos lição para melhorar cada vez mais?

– Certo, tia, você me convenceu, mas tenho de dar alguns retoques aqui e ali e escolher os melhores. Se der certo – diz Alice, rindo muito –, estou feita na vida. – E, empinando a cabeça: – Viverei das minhas obras – fala, caçoando.

Dizendo isso, levanta o queixo, arrebita o nariz e ri de si mesma. E todos riem também, estimulados de esperança.

Após o cafezinho, Sílvia despede-se e retorna ao lar. Márcio ardia de curiosidade enquanto esperava pela mulher, com os filhos ainda crianças.

Mudanças

Os dias que se seguem são de procura, planos e muita agitação. Mas, à hora marcada, lá estão eles, dando prosseguimento às tarefas na casa espírita. Alice, na tribuna jovem, Armando na exposição doutrinária, e Bruna na fluidoterapia e na psicofonia. Foram mais de seis meses de muitos suores, tenacidade, lutas e dedicação. A *vernissage* de Alice foi um sucesso, já predito por Sílvia. As críticas da imprensa só foram de elogios; os quadros foram todos vendidos, e muitas encomendas foram feitas. Alice pegou todo o lucro e o colocou nas mãos do pai, para que ele o usasse como bem desejasse. Ela estava feliz com o que tinha. Além disso, estava amando, com os pés no chão e o espírito nos sonhos. Armando, vendo o desprendimento da filha, sentiu os olhos marejarem, seguido por Bruna, que também chorou.

— Papai, o que é isso? Se eu fosse colocar no papel todo o gasto que o senhor teve comigo, teria de fazer um empréstimo no banco, até financiamento. Vamos lá, deixe de orgulho bobo, invista no seu escritório. Com isso, pode contratar mais gente, proporcionando emprego, e a sua empresa irá crescer. Além do mais, estou amando e é pra valer, acho que encontrei minha cara-metade. Lembra que eu nunca me acertava com os namoricos, que achava até que ia ficar pra titia? Pois, anime-se, acho que não vou mais, não.

A doce Alice tinha uma maneira especial para tratar os problemas sem pieguice ou sentimentalismo. Era franca, leal e verdadeira. Amava os pais e tinha por eles um profundo afeto, já cimentado em eras antigas. Teve, em sua adolescência, momentos de melancolia, saudades da colônia de onde provinha e de Fausto, seu eterno amor, mas soube, com os pais, vencer mais essa etapa. Fausto lhe dizia muitas vezes, nos seus encontros estelares:

— Mandarei alguém para tomar conta do seu coração enquanto você permanecer na Terra. Não a quero sozinha e solitária. Quem sabe, se Deus permitir, me embalará no colo, como filho.

*****

Armando vence mais uma vez na vida, seu escritório de contabilidade torna-se referência. Alice casa, e André encontra um grande amigo no marido dela. Todos integrados na família, cada um com tarefas bem delineadas, seguindo o curso da vida.

Bruna, amando a tarefa que desenvolve na evangelização,

auxilia no grupo de crianças na faixa dos seis anos, considerado como o ciclo do jardim. Apesar de ter outras atribuições e responsabilidades, entrega-se plenamente aos labores oferecidos. Desenvolve a mediunidade psicofônica, participa de desdobramento, com possibilidades positivas, alcançando excelentes resultados.

Alice, que nascera com sensibilidade bem desenvolvida, encaixa-se plenamente nas tarefas mediúnicas.

Sílvia se engaja com a família, na mesma casa espírita, respeitando-a e amando-a. Márcio, seu marido, participa da fundação de um departamento de assistência, e criam, por sugestão de Armando, à época na presidência, um lar para idosos. Adquiriram, da prefeitura local, uma área de grande extensão e construíram a casa que abrigaria muitos velhinhos carentes. No projeto, constavam muitos apartamentos, ou seja, quarto e banheiro, salão com várias camas para idosos do mesmo sexo, menos necessitados, isto é, que podiam locomover-se sem ajuda de enfermeiros. A casa foi construída no centro do terreno; à frente, emoldurava-a um primoroso jardim; nas adjacências foram plantadas árvores frondosas.

Na extensão que ficava atrás do abrigo, destinaram áreas para horta e pomar. O projeto ficou a cargo de Sílvia e Márcio, que com muito prazer se responsabilizaram pela obra. Na inauguração, compareceram os representantes do governo municipal, como prefeito, vereadores e demais autoridades da cidade. A família espírita, na grande maioria, se fez presente no evento, e todos, com lágrimas, viram materializar-se o velho sonho dos dirigentes do centro espírita.

Alice continuou com suas exposições na galeria de arte, e muitos quadros foram vendidos em benefício da construção do "Lar dos Idosos". A arrancada para a fundação dos alicerces foi feita com o que se angariou na exposição dos quadros dela.

Esse grupo, compromissado com ele mesmo e com a evolução, viveu tardes coloridas, sem problemas, como também dias cinzentos e difíceis; vivenciaram noites estreladas e céus turvos e negros, mas todos eles suportados com coragem e destemor, pois os embalava, nos dias tormentosos ou alegres, o porvir de uma nova era, tanto na Terra como na espiritualidade maior. Encarnação de aprendizagem e resgate fê-los viver sob a árvore frondosa do Espiritismo, sinaleira de rotas firme e verdadeira.

*****

Certo dia Armando, passando pelo centro da cidade, esbarra em seu médico de sessões de terapia de vidas passadas (TVP). Após os efusivos cumprimentos, doutor Patrício, colocando o braço sobre o ombro de Armando, confidencia:

— Tenho, nos meus arquivos, muitas fitas sobre algumas falas suas, feitas por meio das sugestões hipnóticas, quando fez regressão. Examinei-as em busca de matérias para meu próximo livro, que abordará assuntos referentes à reencarnação, e estou selecionando suas experiências do tempo, mas quero sua aprovação. Eu ia procurá-lo, mas o destino nos reuniu. Como você se afastou deliberadamente, não tivemos tempo de examiná-las juntos. É um material que, após revisado por mim, pode lhe ser devolvido. Eu soube, por um colega da antiga empresa em que trabalhava, que você se tornou espírita e, quem sabe, no embasamento que tem sobre o assunto, estará amadurecido para avaliar uma reencarnação sua muito distante da nossa era. Passe lá no consultório e pegue com a minha secretária, eu já a separei para você.

— Mas, doutor, não estou muito interessado em saber do meu passado, sinto um frio só de pensar nisso.

— Armando, minha tese, no livro que editarei, está assentada nas suas recordações. Prefiro que você venha a ouvi-las no original do que vê-las expostas no livro pronto. Além disso, meu caro, você não vive mais sob pressão, e tive cuidado em trabalhar bem a sua psique; assim, as gravações não vão lhe trazer dano algum, se as ouvir agora. Sei que está maduro e, naturalmente, velaremos pela sua identidade, para não expô-lo à sua comunidade, como também sua família, mas é ético que venha a saber antes de o público ler. Não concorda?

Armando fica com a curiosidade aguçada, mas, ao mesmo tempo, sente um certo desconforto e, para não alongar mais a conversa, concorda em pegar as fitas no consultório. Despedem-se cordialmente e seguem seu destino.

Chegando a casa, como sempre, entra direto e encaminha-se para o seu escritório, com o paletó em uma das mãos e, na outra, sua inseparável pasta executiva. Bruna vai ao seu encontro de braços abertos. O ritual é o de sempre, em que o amor viceja, como na juventude. Abraçados, beijam-se ternamente.

— Como foi no escritório? Muito serviço?

Armando responde, com uma ponta de tristeza:

— Com essa economia flutuante do nosso pobre Brasil, volta e meia estamos checando fundos de nossos clientes, isso quando não estão arruinados ou em franca decadência. Bem, aí está uma coisa para nós, espíritas, meditarmos. Quando falo com alguns colegas espíritas sobre economia e política, eles me respondem que isso não é para nós. Ah, querida, mas como não vamos nos preocupar com o que se passa no mundo e no Brasil, se somos cidadãos, para crescermos psiquicamente e evoluirmos? Não foi isso que o mestre Kardec nos aconselhou por meio de sua codificação também por mensagens de espíritos luminares, afirmando que o Espiritismo será a alavanca para a nova era? Por que, então, determinados assuntos são proibidos no movimento?

— Está bem, Armando, concordo com você, mas isso não é motivo para se deprimir. Ao contrário, devemos insistir, já que nada é proibido no Espiritismo. Devemos encarar as adversidades, de que lado for, à luz desta consoladora e racional doutrina. Antes, eu apreciava muito música popular brasileira. Quando do nosso ingresso na casa espírita, começamos a ouvir Bach, Chopin, Beethoven e também ficamos encantados com a musica clássica, sem deixar de apreciar os populares, principalmente você, que gosta de *jazz*.

— Claro, querida, ser espírita não é nos enclausurarmos em conceitos obsoletos e retrógrados.

— Querido, não se entristeça com o que os outros pensam. E tem mais: você não é candidato a cargo político nem tem tendência partidária, vota no homem, e não no partido; logo, está livre para emitir ideias sem preconceitos e discriminação. Não vê nossa filha? Toca ao piano as composições clássicas, mas nem por isso deixa de curtir as músicas populares e, quando ouve um *jazz*, sai pela casa a rodopiar com você. Por acaso isso é obsceno? Quantas vezes você me tira de meus afazeres para dançarmos bossa nova?

— Não é a isso que estou me referindo, acho até que os nossos companheiros não veem pecado na dança. Eu falo é de Brasil, do Coração do Mundo, Pátria do Evangelho, tão bem classificado pelo espírito Humberto de Campos[5], por meio da gloriosa mediunidade de Chico Xavier. Será que dentro do sistema governamental não haverá espíritos encarnados com propostas verdadeiras, lutando para acabar com a corrupção, sem aquele carreirismo político doentio? Você vê o exemplo de Bezerra de Menezes: palmilhou a carreira política por um bom tempo e não se corrompeu com ela, viveu e morreu pobre, ou melhor, não se locupletou com corrupções governamentais.

— Puxa, querido, que raciocínio! Por hoje chega, vai me dar um nó na cabeça.

Armando, sorrindo gostosamente, abraça a companheira de muitos anos de convivência e a beija com ternura.

— Sabe, querida, que os jornais espíritas que circulam pelo Brasil divulgam o *slogan* "Honestidade já"? Para mim, é uma boa perspectiva. De certa forma, estamos influenciando e nos

---

5 XAVIER, Francisco Cândido (psicografia); CAMPOS, Humberto de (espírito). *Brasil, coração do mundo, pátria do Evangelho*. Rio de Janeiro: FEB, 1983.

influenciando beneficamente, tanto no código espiritual como no código material. A cada indivíduo que trabalhar sua tendência negativa, o mundo mudará, e se nós, humanos, mudarmos, o mundo vai ser bem melhor. Precisamos separar o joio do trigo, a fim de que só o trigo em nós viceje, com propostas alentadoras para o espírito, alimentando a alma de energia sadia.

Armando, após um banho reconfortante, encaminha-se para a sala de jantar, onde Bruna prepara a mesa para o jantar. Olhando-a de mansinho lhe diz:

— Querida, quero sua opinião franca sobre um assunto sério, mas vou comentá-lo depois do jantar. — E continua: — Alice telefonou? Sílvia esteve hoje no escritório. Está entusiasmada com o abrigo para idosos. Deixou comigo uma série de recomendações, numa lista, para ser posta em votação na próxima reunião de diretoria e espera que eu me posicione a favor. Ela e Márcio estão com muitos projetos nesta área. Ah! A propósito, Sílvia conseguiu que Cláudio, marido de Patrícia, que é médico geriatra, assuma o departamento clínico do abrigo. Patrícia não sabe como Sílvia conseguiu que ele desse atendimento gratuito aos anciãos.

— Pudera! A filha deles era obsediada e usuária de alucinógenos e, depois daquele tratamento intensivo, no centro, ela se recuperou com fluidoterapia, até Cláudio, que é materialista, rendeu-se às evidências. Bem, jantemos, senão a comida vai esfriar.

— Pra dizer a verdade, cheguei sem apetite, mas o cheiro gostoso de sua comida despertou o meu apetite.

— Vamos comer, então.

Após o jantar, Bruna termina de tirar a mesa e ajeita a louça, enquanto Armando assiste ao telejornal.

Retirando o avental e aparentando serenidade que está longe de sentir, senta-se ao lado do marido; afagando-o, toca o rosto amado e fala, como quem não quer nada:

– Vamos àquele assunto? Estou pronta para ouvir. O que tem para me contar? Sobre qual assunto sério você quer minha opinião? É sobre Alice, escritório, colégio de André?

– Nossa, Bruna, quanta ansiedade. Não é sobre nada disso. É de mim que quero falar. – E, rindo: – Sabe que vou ser famoso? Você está olhando para um homem que vai ser conhecido na área médica; para ser mais preciso, na parapsicologia.

– Puxa, Armando, você tem cada uma! Parapsicologia, psiquiatria são áreas em que os médicos tratam de pessoas com desajuste de personalidade – comportamental nuns, de alienação em outros. Não achei graça nenhuma, vamos lá, fale mais claro, senão sofrerei antecipadamente. Afinal, o que é mesmo? Você é um caso de saúde pública? – fala, gracejando.

– Nem tanto – responde, rindo cada vez mais da estupefação da esposa.

– Vamos, Armando, não me deixe mais aflita do que estou, do que se trata?

– Bem, comecemos então por recordar. Lembra que há muito tempo, quando Alice tinha recordações de que fora Luciene, eu achava que ela havia confundido sua identidade com a da irmã?

– Claro, foi por isso que busquei o Espiritismo. – E olhando-o: – Não foi?

— Sim, mas você foi mais corajosa e obstinada, começou a explorar o campo psíquico, ouvindo informação aqui e ali, e foi o que a colocou no caminho da nossa Doutrina Espírita. E também hoje eu me puno. — E deixa um suspense no ar. — Foi com o conferencista, aquele que você chama de "O semeador de estrelas", é assim mesmo que o chama, não?

— Claro que me lembro bem. Foi por meio dele que busquei o Espiritismo e as leituras da codificação.

— Pois bem, querida, à época eu não queria me envolver com nada que se referisse a essa doutrina. Meu Deus! Que ignorância achar que tudo era farsa, ilusionismo, coisas que o povo criava para suportar as adversidades. Aí, com tantos problemas insolúveis, fui encaminhado àquele terapeuta que trabalhava com terapias alternativas, denominada pela sigla TVP.

— Armando, pelo amor de Deus, deixe de rodeios, vamos direto ao assunto, estou como uma adolescente, curiosa e apreensiva. Fale logo, por favor!

— Mas, Bruna, nunca conversei nem comentei este assunto com você, sempre tive certas reservas, hum... Ou preconceito.

— Tudo bem, até aí eu já sabia, mas o que mais?

— Naquele tempo, meu médico já falava com entusiasmo dos resultados obtidos na América, sobre o assunto. Chegou mesmo a nomear pessoas que hoje me habituei a ver nos livros clássicos da parte científica do Espiritismo. Quando ingressei na casa espírita, tive curiosidade de, como ele, ler alguma coisa já traduzida para o português e me entusiasmei pelo assunto. Bem, mas isso não vem ao caso. Tratou-me com a tal terapia alternativa, que era nada mais nada menos que regressão de memória. Disse que quem precisava de tratamento era o meu mental, e não o de nossa filha. Lembro que fiquei uns bons tempos em permanente tratamento. Ele dizia que eu era sensível à magnetização e que tinha facilidade de soltar o inconsciente, com o qual ele se comunicava muito bem. Com isso, conseguiu penetrar nas minhas existências passadas e, em cima delas, estudar minha personalidade. Por meio de exercícios, descobriu algumas encarnações interessantes de meu passado, outras pitorescas, muitas escabrosas, e que nelas eu sempre distinguia comigo outros nomes, entre eles, você, Alice e Sílvia. Hoje, encontrando-me com o dr. Patrício na rua, ele me disse que vai editar um livro baseado nessas minhas recordações, pois, de toda a sua clientela, o trabalho comigo foi o que ele considerou mais importante como objeto de estudo e pesquisa. Claro, querida, que a nossa intimidade será protegida, e os nossos nomes também. Por isso, estou lhe falando e desejando a sua opinião. Ele quer que eu reveja as fitas gravadas das nossas conversas na regressão. Diz que, se eu as ouvir hoje, nada vai me perturbar, pois tem certeza de que fez um bom trabalho terapêutico. Como amanhã vou passar lá no consultório, reforço: quero hoje sua opinião. Que me diz?

Bruna pensa um pouco, medita e depois fala:

– O mais importante é como você se acha para saber quem foi no passado e se está preparado para sabê-lo. E tem mais: se isso não vai lhe fazer mal no presente. Lembre que há uma lição no Código Divino que somos melhores do que há cem anos atrás, pressupondo que, quanto mais olharmos para trás, mais haveremos de encontrar desatinos e erros. Somente você poderá saber se está ou não preparado para enfrentar o passado e, quem sabe, apaziguar-se com ele.

— Querida, hoje amadurecemos na doutrina. Tenho a impressão de que ela me dará respaldo para suportar o que fui no passado e, afinal, o que passou, passou. E quem sabe investindo no passado eu não venha a melhorar no presente?

— Também concordo, mas já se perguntou se tem coragem para encarar o ontem?

— Sim e não. Por estar indeciso, recorro à sua opinião. Quando fui convidado pelo departamento espiritual a frequentar as sessões mediúnicas, tive um choque. Naquela ocasião, você me disse que, em um passado distante, fomos envolvidos com mediunidade mesmo fazendo parte do clero, recorda?

— Claro, e não poderia ser diferente. Até hoje recordo do desprendimento, quando estive com tia Ângela. Fomos muito bem recebidas e encaminhadas a um gabinete onde já éramos esperadas, e foi ali, com sofisticados aparelhos, que tive a minha primeira regressão. Isso me lembra a comunicação instrumental tão divulgada no nosso fim de século. Minha mente e meu cérebro gravaram com tintas fortes aquele passado de dor, amor proibido, abominação, época em que o Santo Ofício dirigia povos e reis.

— Lembro — diz Armando — que, quando você me relatou ligeiramente, senti que participei de tudo isso, que estava gravado em mim, como uma coisa que estava pedindo para ser compreendida.

Então, querida, chegou a hora de desvendar o ontem, com o pé no presente. Acho que, como espírito, amadureci para compreender que não vivemos só na carne.

– Dou o meu aval – diz Bruna , já que isso vai aliviar a sua consciência.

– Amanhã mesmo passo no consultório de Patrício e pego as fitas para examinar. Você quer vir comigo?

– Não, por enquanto, não. Ouça primeiro. E, se o meu coração pedir, ouvirei também, mas sozinha.

– Suponho que para não fazer conexão?

– Talvez, quem sabe – responde Bruna, dando por encerrado o assunto.

Já passava da meia-noite, e o céu de verão estava belo e esplendoroso, bordado de estrelas a rutilar no firmamento. Noite de lua cheia, e ela, faceira, iluminava tudo o que podia alcançar. A brisa morna da estação desfila brejeira, e o casal, abraçado como nos velhos tempos, busca refúgio no seu ninho de amor, amparado pela paz dos que, tarefeiros do dia, buscam a noite para descansar e amar. Bruna prepara-se para deitar, mergulha em um banho reconfortante, coloca uma camisola verde-pastel e, debaixo de alvos lençóis fica, por um longo tempo, com os olhos fechados, a meditar sobre tudo o que haviam conversado. Lembra de Luciene, que se fora e, no lugar dela, a vinda de Alice, dois organismos, um só espírito. Recorda também aquela noite ímpar, quando fora ao encontro do conferencista espírita, mesmo sem o conhecimento do marido, com a mente em fogo e a razão atribulada, buscando entender o que se passava com sua família e, principalmente, com a filha que amava e que entendia ser perturbada psiquicamente. Bendita noite de coragem! Tivera força para arrebentar os liames do preconceito, e Deus a brindara com uma nova perspectiva de vida, ensinando-a a viver em plenitude, tendo o amor e o trabalho como tônica de todos os familiares querendo acertar.

Bruna dorme serenamente. Enquanto seu corpo descansa, ela percorre em espírito regiões em que estava acostumada a viver na espiritualidade, em busca de atividades para se enriquecer. Porém, desta vez, amigos espirituais não só a aguardavam, mas esperavam o casal, que, de mãos dadas, debandou às paragens onde receberiam instruções para darem continuidade ao trabalho de assistência social que vinham desenvolvendo.

Naquela noite de lua cheia, toda a sociedade espírita fora convocada para planejar novos investimentos na área da ajuda aos menos favorecidos, não só nas necessidades materiais, como também espirituais. Lá estavam Sílvia, Alice, Márcio e eles, além de toda a gama de espíritos benfeitores e familiares desta e de outras encarnações preparando-se para novos rumos do enriquecimento pessoal do espírito e da solidariedade. Nas almas refulgia o brilho da felicidade que os humanos ainda desconhecem, porque buscam o prazer nas paixões terrenas. Na Terra, o grupo era anônimo, cidadãos do mundo, obscuros e desconhecidos; no plano espiritual, por esforço próprio, estavam libertos de preconceitos, tão ao gosto dos que vivem em nosso plano terrestre aturdidos por reterem o perecível, o pequeno, que se dissolve com o tempo. Fausto, que também participava da reunião, estava entre Alice e seu marido, Alexandre, amparando-os com amor, aquele amor universal, ainda desconhecido do nosso atribulado plano material. A noite desenvolveu-se com muitas atividades, planejamentos, programas, objetivos, todos eles escritos e assinados como ponto de honra. Souberam, mais tarde, por emissários de Jesus, que essa assembleia se espalhava pelo mundo inteiro, a fim de que a transformação para o terceiro milênio não fosse desprovida de espírito de luta e de atendimento aos menos favorecidos do corpo e da alma. E Jesus escolhia, selecionava os que O ajudariam a fazer a transformação sem dor, de um ciclo para outro, sem tanto desequilíbrio, como um bom menino de boa índole, que vê e sente a adolescência passar sem nele deixar dano, como acontece na maioria das transições. Foi por isso que Jesus falou aos apóstolos: "muitos chamados, poucos escolhidos". Os verdadeiros espíritas e os que não são, não se aperceberam da convocação que lhes foi feita nesse fim de século. Os chamados foram muitos, poucos foram os que atenderam. Mas que importa os que não atenderam? Falemos dos que aceitaram de corpo e alma o serviço, pensando nos proventos que a humanidade usufruiria para melhorar o mundo em que se vive. Uma nova era se anuncia.

É preciso investir nela, fala o Evangelho de Jesus. O mundo está mudando, só vê quem tem olhos preparados para enxergar, porque, na maioria, o homem vê à pouca distância, míope para as verdadeiras transformações; só enxerga o que quer, o que é útil, não as coisas do espírito, mas apenas o que lhe é cômodo. A era nova se aproxima, inexorável, com o consentimento dos homens ou sem ele. Ninguém pode impedir a evolução, e ela terá de ser feita sob os dois ângulos – isto é – conhecimento e sentimento. Um dia, ambos se emparelharão, e o homem triunfará sobre si mesmo, mergulhado em um novo mundo, fraterno e mais feliz, onde a solidariedade será confundida com a fraternidade. E a Terra subirá da posição de mundo de provas e expiações a um mundo regenerado, de amor e justiça como valores primordiais. E os emissários de Jesus estão com pressa, a fim de que o justo não sofra mais e o pecador seja tratado e medicado, mas sem contaminar a atmosfera daqueles que venceram a si mesmos.

Há espíritos encarnados que deixam de apostar na regeneração, confundindo mudanças com movimentos aleatórios, quase todos vencidos. Mas o mal não é permanente, mas, sim, transitório. Há de chegar um dia, na humanidade, em que as comunicações estelares serão uma rotina. Aguardemos com expectativa otimista que isso se dê com mais brevidade e nos esforcemos para ingressar, encarnados ou desencarnados, na nova era. Que sejamos cidadãos conscientes dela, pois ficarão, segundo os luminares, os bons e os propensos a sê-lo.

*****

Armando e Bruna acordaram com ânimo renovado, como se tivessem ingerido, à noite, alimento energético. O Sol se infiltrava pelas frestas das persianas, anunciando o amanhecer. Acostumados a dormir em sentido contrário, viraram-se ao mesmo tempo, para cordialmente se cumprimentarem.

– Oi, querido! Tive uma noite de belos sonhos, e você fazia parte.

– Olá, princesa! Não deixo por pouco, também tive sonhos confortadores, e você também estava neles.

Ambos felizes, abraçaram-se e beijaram-se amorosamente. O rádio relógio marcava seis horas da manhã.

– Ainda é cedo, podemos curtir alguns momentos na cama. Conte o que sonhou.

– Não, comece você – diz Armando, passando a mão sobre seus cabelos.

– Hum, pelo jeito, estamos concorrendo à impressão da noite.

Riram da criancice, como se estivessem brincando de "gato e rato". Armando começou então a contar:

– Você sabe, e eu também; posso lhe assegurar que onde esteve lá também estive, e posso afirmar: foi um encontro incomum. Ah, querida, parece que nos comprometemos com coisas muito sérias, que envolvem nossa transformação e participação, de maneira eficiente, nas mudanças no mundo e na comunidade onde vivemos.

– Sim – responde Bruna, séria. – A aurora de um mundo novo se aproxima do velho planeta e nos convida a mudar, participando dele. Que seja. Vamos trabalhar para que os que amamos e os que não nos querem, por desencontros no passado, participem desta luta em favor da paz e da liberdade. Mas, pensando bem, isso já está se processando em nós. Quantas renúncias, quantas batalhas íntimas, quantos impulsos já dominados... Você não acha que já é um bom começo?

— Sim, mas parece que a convocação que tivemos esta noite nos exige bem mais. Vamos confiar que os maiores da espiritualidade nos deem cobertura para vencermos mais uma etapa, ajudando outros a vencê-la também.

Bruna levanta, veste o seu roupão caseiro e encaminha-se ao banheiro, a fim de fazer a primeira higiene do dia.

Naquela fase da vida do casal, a situação financeira era estável. Tinham aumentado a casa e a dotaram de mais conforto. Armando estava com um carro novo, e a casa mais confortável, mas isso não lhe subira à cabeça; ao contrário, dera-lhe mais fôlego para investir no espiritual, em seu próprio benefício e no dos que necessitavam dele – tanto de uma boa palavra, um conselho ou sugestões. Não descuidava do material, visitando famílias carentes e levando-lhes também o pão espiritual inspirado na lição "Cáritas", de *O Evangelho Segundo o Espiritismo*[6].

O leitor acostumado apenas à narrativa de dificuldades e erros, na literatura espírita, pode conflitar-se pensando que não há espíritos e casais anônimos de uma certa hierarquia, trabalhando para si e para os outros, no fim deste século. E por este Brasil afora há muitos empenhando-se em ajudar na mudança do nosso planeta para um mundo melhor. O casal Armando e Bruna é um desses, que planejavam a sobrevivência, sem se descurar do lado espiritual.

*****

---

6 KARDEC, Allan. *O Evangelho segundo o Espiritismo*. São Paulo: Petit, 2015. cap. 13.

O dia foi rotineiro para a família Almeida. Bruna foi de tarde à casa espírita para desenvolver as tarefas costumeiras, nas sessões de estudo e prática da mediunidade.

Quando lá chegou, alegre e bem-disposta, foi bem recebida pelas companheiras, como sempre, mas, ao abraçar as amigas, dela saía uma energia colorida de felicidade, como a transmitir a sensação de que era envolvida. As companheiras estranharam as atitudes dela, não exageradas, mas não as de sempre.

– Hoje está mais feliz do que o habitual – comenta uma delas. – Acaso espera um netinho que venha coroar ainda mais o entendimento entre vocês?

– Pode ser que ele venha ou que já esteja a caminho, mas hoje levantei-me de ânimo renovado e tenho a impressão de que os meus olhos adquiriram, na noite passada, uma visão que atribuo ao encontro que tivemos no além da carne e do qual os nossos maiores possibilitaram que eu e Armando recordássemos um pouco, até para fortalecer a nossa fé, e pudéssemos dividi-lo com os que convivemos: os meus. – E, apontando para o grupo: – E vocês também.

– Mas o que foi que lhe aconteceu de tão agradável que transborda felicidade?

– Bem, não quero me antecipar. Vamos aguardar, na mediúnica, que os nossos benfeitores nos confirmem, a fim de que, mais tarde, não venhamos a achar que foi apenas uma ilusão, criação da minha imaginação, segundo alguns pesquisadores materialistas que dizem que sonho é criação momentânea de antes de acordar.

A reunião foi iniciada e transcorreu normalmente, na sua diversificação: atendimento aos necessitados, exercício de visão e audiência, psicografia. No fim, um dos mentores comunicou-se por dona Esmeralda, descrevendo o encontro do qual quase todos haviam participado naquela noite, relatando-o com encanto e doçura, coroando, com intensa vibração, o que Bruna vivenciara e recordava.

Bruna então contou que, quando se encaminhava para a reunião, tia Ângela a havia intuído a nada relatar, para que um dos médiuns, quando recebesse a mensagem, não tivesse problema de questionamento, como o grupo também, pois ela já haveria revelado a noite especial que haviam vivenciado, e isso causaria impasse ao espírito que teria a tarefa de confirmar aquele encontro de comprometimento ímpar. Foi uma tarde inigualável. O semblante de todos era de embriaguez, como se tivessem alcançado o segundo céu tão falado por Paulo de Tarso, o vigilante do Cristianismo, ao tempo de Jesus.

Os comentários eram de que, à medida que o instrutor fazia o relato, todos recordavam de ter assistido a tudo o que o bom espírito descrevia em detalhes.

Bruna volta para casa mais revigorada. Lá chegando, dá com Alice, a filha amada, que a aguarda. Seus cabelos curtos e encaracolados, emoldurados por uma tiara de metal dourado, enfeitam seu belo rosto. Ela lhe mostra um pacote comprido – um rolo de telas.

– Mãe – diz ela, em tom sério –, tive uma inspiração visual que está gravada em minha mente: a figura de Jesus, fulgurante, entre os apóstolos, e estou louca para colocar na tela. – E, fixando-se na figura bela da mãe: – Tudo bem, aqui? Cadê meu irmão preferido? E papai, está com as fitas?

– Calma, querida, uma pergunta de cada vez, mas respondo todas numa só. Aqui tudo vai bem, graças a Deus. E você, como vai?

– Eu estou bem, Alexandre também. Não sei, mãe, mas hoje acordei tão feliz que me deu vontade de vê-los, como também tia Sílvia e seus meninos agitados.

– Você também, querida? Como eu.

– O que de extraordinário aconteceu que deixou todos felizes? Eu estou sempre bem, desde que tenha saúde e força para batalhar e fazer deslizar o meu barco, que lhe afianço, mamãe, às vezes está bem carregado, mas não me queixo. Aliás, é até bom, não tenho tempo para pensar e fazer bobagem.

– Por Deus, querida, você não me dá uma folga, fala por mim e por você. Venha, vamos para a cozinha, está quente, e eu tenho refresco na geladeira.

– Oba! – diz André, que, vendo a irmã, corre para abraçá-la.

– Viu, Ali, se sou eu que estou com sede, ela nem me oferece, mas como é para a filha do coração. – E, imitando a mãe, diz, cheio de exageros: – "Tenho refresco na geladeira".

Alice abraça o irmão com carinho e acaricia sua cabeça de cabelos abundantes:

– Deixe disso, seu bobo, você vive sob o teto dela e deve

comer do melhor – pois não acredito que alguém cozinhe melhor do que mamãe –, ao passo que eu vivo de lanche, e o Alexandre, coitado, também.

E, envolvendo o irmão, entra nos cômodos acolhedores da casa, a vivenda de aspecto agradável, emoldurada por latadas de roseiras bem aparadas, que lhe dão um encanto singular.

Depois de sentados confortavelmente e de ter degustado um sanduíche acompanhado do comentado refresco, Alice volta ao assunto de todos estarem felizes. Bruna, serena, relata os acontecimentos nos seus mínimos detalhes, conjuminando-os à sessão mediúnica, quando os mensageiros do bem haviam confirmado a noite de encantamento.

– Mãezinha, mais do que ninguém, você conhece o meu ontem, com os meus grilos, meus temores, principalmente no que diz respeito à mediunidade. Tenho certeza de que, "na noite do tempo", vivenciei a mediunidade de maneira distorcida, mas hoje, estruturada no Espiritismo, tenho condições de entender e amar a oportunidade que Deus me concedeu de resgatar os meus débitos por meio da tarefa honrosa de servir a Jesus e crescer psiquicamente para ser feliz. Afinal, não é o que queremos? Sermos felizes plenamente? E isso envolve a todos nós, não é mesmo, mamãe?

– Lógico, querida, e eu lhe digo: façamos a nossa parte na evolução, ajudando-nos mutuamente.

Naquele momento entrou Armando, cheio de pacotes e com a sua costumeira pasta executiva. Deixou o que carregava na entrada e adentrou a sala de estar cumprimentando a todos:

– Olá, pessoal! Para os vivos e para os desencarnados, aviso que cheguei. – E, dando com os olhos na filha, abre os braços: – Olá, filha, que prazer vê-la aqui! – Abraça-a com ternura, beijando sua face rosada.

Há entre ambos um profundo entendimento, não falado, mas expresso em seus olhos. Somente André alheia-se àquele entendimento entre os três.

– Filha – fala entusiasmado –, estou de posse das fitas do doutor Patrício para ouvi-las. Agora posso entendê-las conscientemente, e não sob hipnose. Vamos ver que besteiras falei nas sessões de TVP.

– Ah, paizinho. Então você vai mesmo ouvi-las, está decidido?

– Claro, querida, passado é passado, já aconteceu, não tem volta. Agora o presente, sim, é o que nos importa, para não repetirmos as besteiras do passado. Então, sabendo o ontem, temos, por obrigação, melhorar o hoje. Você não acha?

– Oh! Papai, para mim o senhor é o melhor homem do mundo. "Um homem de bem"!

– Ah, minha filha, você me vê pela ótica amorosa, mas reconheço que tenho muito ainda para modificar, mas faço o que posso. Um dia... serei, como se diz, "um homem de bem", sob todos os aspectos.

*****

Era tarde, e o crepúsculo anunciava-se no horizonte cor de fogo. Armando substitui o terno e a gravata por um descontraído *short* e convida o filho para aguar o jardim e separar da grama as intrometidas ervas daninhas. Alice, curiosa, se encaminha com a mãe para a frente da casa e se deslumbra com o entardecer.

– Ah, mamãe, como tudo é perfeito! Olha só o capricho deste sol, matizado de todas as cores!

Ela arregaça a calça *jeans*, tira o tênis e vai para junto do pai e de André limpar o primoroso jardim, enquanto Bruna colhe botões de rosas para Alice enfeitar a sala de seu apartamento. O quadro é de harmonia e entendimento. André, que destoava do grupo, está, pelo calor do amor de todos, evoluindo e aprendendo, buscando o seu lugar ao sol, saindo da sombra escura dos débitos passados, adquirindo gosto pela natureza e pela vida, presentes de Deus, valorizando-as.

E a vida continua...